Alfred Ludwig

Die Entstehung der a-declination und die Zurückführung

ihrer Elemente

auf das ihr zu grunde liegende Pronomen

Alfred Ludwig

Die Entstehung der a-declination und die Zurückführung ihrer Elemente
auf das ihr zu grunde liegende Pronomen

ISBN/EAN: 9783744630252

Hergestellt in Europa, USA, Kanada, Australien, Japan

Cover: Foto ©ninafisch / pixelio.de

Weitere Bücher finden Sie auf **www.hansebooks.com**

Aus dem Jännerhefte des Jahrganges 1867 der Sitzungsberichte der phil.-hist. Classe der kais. Akademie der Wissenschaften [LV. Bd., S. 131] besonders abgedruckt.

Bei allen wissenschaftlichen Untersuchungen ist von der höchsten Wichtigkeit, sich bewusst zu sein sowohl der Voraussetzungen, auf denen die Wissenschaft, innerhalb deren man sich bewegt, beruht, als auch der letzten Zwecke, die sie, um ihre Aufgabe zu erfüllen, anstreben muss. Allerdings kann eine Untersuchung, bei der diese Bedingungen fehlen, höchst werthvolle Ergebnisse liefern, allein diese tragen doch nur indirect zur Lösung der Hauptfragen bei, sie müssen erst von dem Standpuncte der höhern Erkenntniss richtig gestellt werden. Wer die Voraussetzungen, auf denen eine Wissenschaft beruht, nicht kennt oder mangelhaft kennt, oder die vollen Consequenzen derselben nicht erfasst, der ist nicht im Stande, sich eine feste Methode zu bilden; er wird, um gründlich und vorsichtig zu sein, den Boden der Untersuchung beschränken, die Methode verkümmern. Wer dagegen die letzten Zwecke einer Wissenschaft nicht kennt, der wird die Untersuchung oft gerade da abbrechen, wo sie anfängt, am wichtigsten zu werden; es fehlt ihm der richtige Massstab für Wichtiges und Unwichtiges, er ist führerlos auf dem weiten Gebiete der einzelnen Erscheinungen.

Diejenige Voraussetzung, die von der entscheidendsten Bedeutung für die sprachhistorische Methode ist, ist die einer Ursprache für sämmtliche indoeuropäische (besser Árya-) Sprachenfamilien. Dass

1 *

wirklich diese in einer mehre Jahrtausende zurück liegenden Zeit in einer einzigen nicht etwa idealen sondern wirklichen Sprache vereinigt waren, daran kann wohl niemand zweifeln, der das Material einigermassen durchgearbeitet hat. Es ist eine längst bekannte Sache, dass jede Sprache, wenn man die in ihr vorfindlichen Spuren der vor sich gegangenen Veränderungen d. i. Lautgesetze verfolgt (die ja selber uns in einem Zustande fortwährendes Werdens oder Schwindens entgegentreten) aus sich selbst hinausführt. Hieraus folgt für die einzelne Sprache, dass das ihr angehörige Material durchaus nicht ausschliesslich von ihrem speciellen Standpuncte zu beurtheilen ist. Denn die einzelne Sprache hat sich eben dadurch individualisiert, dass neue Lautgesetze anfingen herrschend zu werden, nicht minder aber auch dadurch, dass bereits herrschend Gewordene erstarben. Niemand wird z. B. bezweifeln wollen, dass der Uebergang von *s* in *r* in der Ursprache sich vorfand; es lässt sich dies übrigens erweisen. Doch dürfte auf dem ganzen Gebiete des Litauischen und Slavischen nicht ein Beispiel, das mit Sicherheit in die Zeit der Sprachtrennung versetzt werden könnte, dafür nachzuweisen sein. Dieser letztere Umstand ist aber natürlich vollkommen ungenügend, sobald es sich um Lautübergänge in Formen handelt, die mit Sicherheit der vorlitauischen und vorslavischen Sprachperiode zuzuweisen sind, irgend welchen Ausschlag zu geben.

Aber auch die letzten Zwecke der Sprachwissenschaft dürfen bei sprachlichen Untersuchungen nie aus dem Auge gelassen werden. Denn der Werth einer solchen, muss wie der einer jeden andern immer darnach beurtheilt werden, in wie fern durch dieselbe die Arbeit jenem letzten Ziele näher gerückt ist. Letzter Zweck, letztes Ziel kann hier nur sein die der historischen Entwicklung möglichst adäquate Anordnung des gesammten sprachlichen Materials. Hier ist nun die erste Frage, wie man sich die Anfänge der Sprache zu denken hat, ob als eine Menge von einander unabhängiger Elemente, die während einer gewissen Entwicklungsperiode fortwährend neu geschaffen wurden, oder ob man die Zahl der ursprünglichen Elemente, als äusserst beschränkt durch successive Spaltung und Combination, zu jener ungeheuren Mannigfaltigkeit von Formen angewachsen sich vorstellen soll. Es würde die Grenzen einer Abhandlung, wie viel mehr aber die einer Einleitung zu einer solchen weit überschreiten, wollte ich die Gründe darlegen, welche mich vermögen, zu letzterer

Anschauungsweise mich zu bekennen. Einiges aber kann ich nicht übergehen. Zwar nimmt, so weit wir in die Vergangenheit der Sprachen zurückgehen, der Wort- und Formenvorrath in erstaunlicher Weise zu, allein dagegen ist wieder zu bedenken, dass eben diese Vergangenheit im Verhältniss zu der gesammten Entwicklungszeit der Sprache nur eine geringfügige ist. Ferner dass diese ganze Vergangenheit einer Epoche derselben angehört. Aber nicht nur die Entwicklung der speciellen Sprachenfamilien musste reichliche Fülle von differenzierten Formen erzeugen; dergleichen hatten sich bereits in der hinter jenem Abschnitte zurück liegenden Epoche nachweisbar in nicht geringer Zahl angehäuft. Dies ist im einzelnen schon vielfach dargelegt worden. Wohin geht nun die Thätigkeit des Sprachforschers? wesentlich dahin, die Verschiedenheiten aufzuheben, das Getrennte auf die weiter zurückliegende, zunächst immer noch mehr oder weniger relative Einheit zurückzuführen. So bei Wurzelforschungen. Wir haben nur die Zeit der Zerspitterung des sprachlichen Materials, und dies nur innerhalb der litterarischen Periode, unmittelbar vor uns; für uns ist die Zersplitterung die gegebene Thatsache, die im Laufe der Jahrhunderte durch Schwinden von vielem einzelnen mehr abnimmt als sie durch Weitergreifen an Boden gewinnt, denn vollständig hört sie nie auf. Andrerseits aber ist auch in jenen hinter der litterarischen Periode zurückliegenden Jahrhunderten und Jahrtausenden sprachliches Material fortwährend verloren gegangen.

Auch die Ursprache in der Zeit ihrer (natürlich immer nur relativen) Vollkommenheit bot keine vollkommene Einheit. Die Grundzüge der Unterschiede der spätern Sprachzweige als in der Ursprache bereits vorhanden und wirksam zu vermuthen, ist nun freilich eine petitio principii; erst durch die locale Trennung von Stämmen mochten sich gewisse Neigungen zu Lautveränderungen in so vorwiegender Weise geltend machen, dass ganz neue Entwicklungen durch sie angebahnt wurden. Hält es doch schwer, ein Lautgesetz zu finden, das nicht wenigstens in Spuren und Anfängen überall nachweisbar wäre. Das massenhafte Auftreten gewisser Lautveränderungen ist eben was die eine Sprache im Gegensatz zu andern charakterisiert, und ebenso sicher ist es, dass der wesentliche Unterschied der Sprachen in eben diesen liegt, die Unterschiede in Wortbildung und Flexion dagegen weit zurücktreten. Aber die Ursprache bot deshalb keine vollkommene Einheit, weil in ihr wie in den

spätern Perioden die klaren Spuren des gesammten Entwicklungs-
ganges der von einander begrifflich scharf zu trennenden Sprach-
stufen klar neben einander fortbestanden. Wir unterscheiden die
Zeit der Wurzel, die Zeit, in der eine oder mehr Wurzeln sich zu
pronominaler Bedeutung abschwächten, die Verwendung des Prono-
mens; die Verschmelzung desselben mit der Wurzel, d. i. die Entstehung des Wortes. Weiter trat dann Verlust der pronominalen
deiktischen Bedeutung bei dem betreffenden Elemente ein, das dafür
die ursprünglich bei der blossen Wurzel schon mitgedachten Begriffe des Agens, Actum etc. übernahm. So ward das Pronomen zum
Wortbildungssuffix. Die Spuren dieser Periode liegen in den Compo-
sitis vor, von denen manche ältere für Sprachgeschichte vom höchsten Werthe sind. Die letzte Verwendung der bildenden Elemente
ist die zur Flexion. (Ausführlicheres hierüber in unserm Artikel: Ovy-
vinutí řeckých vět podmínečných s předběžnou úvahou o historii
skladby im Krok II. Jahrgang, 4. Heft, Prag 1865.)

Das Räthsel aber der Sprechthätigkeit, d. h. nicht der Fähigkeit
Begriff und Laut so im Geiste zu verknüpfen, dass das eine mit einer
gewissen Sicherheit und Leichtigkeit (wohlgemerkt nicht Nothwendig-
keit) das andere reproduciert (die Fähigkeit lässt sich eben nur anerkennen), sondern des Betätigens des zur Wirklichkeit Werdens dieser
Fähigkeit oder mit andern Worten das Räthsel des historischen Vor-
ganges bei dem Entstehen des Sprechens (zwei Dinge die von Philo-
sophen zum Theil mit merkwürdiger Unbefangenheit verwechselt
werden), dieses werden wir naturgemäss auf einen möglichst engen
Raum beschränken müssen; denn bei jeder neuen Schöpfung von
Laut- und Begriffsverbindungen müsste es sich erneuen. Es liegt aber
in der Natur der Sache, dass der Sprechende, wie er im Denken, um
sich das Neue zu erklären, herumsucht in dem Vorrathe seines Wis-
sens, wie beschränkt es auch sein mag, nach dem, was dem Neuen
das Adäquateste ist, ebenso zur Bezeichnung desselben das ihm bereits
geläufige Sprachmaterial benützt. Englische Missionäre der Südsee-
inseln haben geglaubt (vielleicht wegen des ausnahmsweise engen
Umfanges von Kenntnissen bei der ausserordentlich geringen Mannigfaltigkeit der Sinnengegenstände, die jene grossentheils sehr kleinen
Eilande bieten), es ausdrücklich hervorheben zu müssen, dass die
Einwohner jener Eilande für Gegenstände, die ihnen völlig neu sind
(und dergleichen mussten ihnen anfangs wenigstens von den Euro-

päern oft genug geboten werden), nie ein neues Wort erfinden, sondern das Neue nach dem Gegenstande benennen, der unter denen die
sie kennen dem Neuen der ähnlichste ist. Dies wird nun jedermann
sehr natürlich finden; man vergesse aber nicht, dass diese einfache
Beobachtung ein allgemeines Sprachgesetz enthält. Da das Sprechen
natürlich ursprünglich praktischen Zwecken diente (nicht zum Aus-
tausche von Gedanken), so nahm der Kreis der zu bezeichnenden Begriffe nur sehr allmählich zu. Eine wichtige Rolle spielte dabei schon
in der frühesten Zeit die vergleichende Thätigkeit, weiter dann die
mythischen religiösen Vorstellungen. Die gehörige Rücksichtnahme
auf diese letztern führt zu den schönsten und wichtigsten Ent-
deckungen da, wo man sonst nur Räthseln begegnen würde.

Einen wichtigen, ja man kann sagen unentbehrlichen Anhaltspunct und Förderer erhielt dieser ganze Process, was Fixierung einmal erfasster Unterschiede und Einbeziehung neuer Gegenstände in
den Kreis des Bezeichneten, somit zum Gegenstande geistiger Be-
schäftigung Gewordenen betrifft, durch den gleichzeitig unaufhörlich
vor sich gehenden physiologischen Process der Änderung der Laute.
Bei den meisten Differenzierungen der letztern trennten sich auch
die Auffassungen und die neu entstandene Modification des Lautes
ward der Anhaltspunct für eine verschiedene Auffassung, für eine
Trennung von bis dahin Zusammengefasstem, Unterschiede, die freilich hinterher oft wieder mögen zusammengeflossen sein. Man darf
eben nicht vergessen, dass die Sprachelemente willkürliche Zeichen
sind, die mit dem Bezeichneten einen innern nothwendigen Zusammenhang nicht verrathen. Es ist dies eine höchst triviale Wahrheit
die aber doch praktisch auf die verschiedenste und verdeckteste
Weise ausser Acht gelassen wird. Ausserdem ist klar, dass, was
immer an Zusammenhang zwischen Laut und Bezeichnetem besteht
und bestanden hat, der engste Zusammenhang in der Zeit des Anfangs der Sprechthätigkeit statt muss gehabt haben, und immer abnimmt, je weiter von dieser Periode man sich entfernt. Weiter geht
hervor, dass das W e s e n der Sprache sich factisch gar nicht ändert,
mag die F o r m wechseln, wie sie will. Wenn wir s p r e c h e n, thun
wir heut zu Tage factisch ganz dasselbe, was unsere Vorfahren vor
Jahrtausenden gethan haben. Der Unterschied besteht nur darin,
dass wir anders und Anderes d e n k e n, als sie; und dieses Denken
macht das Material der Sprache sich dienstbar.

Die geistige Thätigkeit ist nicht unabhängig vom Sprechen, aber sie war es, insoferne sie als das Prius den Anstoss dazu gab. Sie ist abhängig davon, wie von einem Mittel; wie der Maler nicht Maler ist, weil es Pinsel und Ölfarben gibt, wohl aber von dergleichen Medien zur Fixierung seiner Schöpfungen abhängt. Dagegen ist die Sprache abhängig vom Denken, sie ist nur todtes Material, das der Geist durchhaucht nnd durchweht.

Es versteht sich, dass, wenn wir diesen Bildungsgang der Sprache im Ganzen vindicieren, wir dieselben Gesetze auch im Kleinen, im Einzelnen wiederfinden werden, oder umgekehrt, dass wir eben zu der Gesammtansicht nur dadurch gelangt sind, dass wir im Einzelnen dieses Gesetz herrschend fanden. Im Folgenden soll nun dargethan werden, wie der Fluss der Änderung der in der Wurzel bemerkbar, auch in der Suffixbildung nachweisbar ist, dass die Mannigfaltigkeit auch im Suffixe nichts Ursprüngliches.

Inhalt der Abhandlung.

§. 8. 9. Nachweis der Form *áni* aus der Verbalbildung der indoeuropäischen Sprachen. Zusammenhang der IX. Conjugationsclasse im Sanskrt und Altbaktrischen mit den Verbis -*áya*; Formen -*an* -*ánd*, -*ái* -*áya* completieren sich zu *ány-a*. Die slavische II. Conjugationsclasse aus der V u. IX des Sanskrt zusammengesetzt.

§. 10. Über die Erklärung und Ableitung der Formen des Praes. der II. Conjugation des Slavischen.

§. 11. Den slavischen analoge Bildungen (älterer Form) im Griechischen nachgewiesen.

§. 12. Die im §. 9 für das Sanskrt und Altbaktr. aufgestellte Combination ist im Slavischen in ausserordentlich ausgedehnter Weise nachweisbar. Die betreffenden Verba werden in sieben Gruppen geordnet aufgeführt. Lateinisches, das hieher gehört. Die slavische Wortbildung auf ли ти. Lautliches.

§. 13. Die Passivbildungen im Indoeuropäischen.

§. 14. Aus den voranstehenden Erörterungen wird der Schluss gezogen, dass *i* sich nicht nur aus den nominalen Bildungen mit Sicherheit als Auslaut des Stammes erschliessen lässt, sondern dass dieses Element in den verbalen Bildungen noch in viel grösserer Klarheit erhalten ist. Nicht nur ist -*áy-a* zu trennen, sondern auch bei den Verbis -*αινω* -*anyáti*, -*εινω* -*εσιω* -*asyáti* ist das *i* zum Nominalstamme zu ziehen und zu trennen *ani-áti, asi-áti*.

§. 15. Erweiterung der nominalen Stämme auf -*an* durch *t* (resp. *ti*). Beweis aus den verwandten Sprachen.

§. 16. Formen auf -*οντ* -*αντ*; Slavisches.

§. 17. Übergang der bisher behandelten Bildungen in die sogenannten vocalischen *a*- Bildungen. Nachweis von *an*- Formen auf diesem Gebiete. Verhältniss der *a*- zu den *an*- Formen im Sanskrit, Slavischen etc. Der Instrumental sing. msc. n. im Sanskrit, Altbaktrischen, Armenischen.

§. 18. Slavische Stämme auf ли, Nasaler Stamm im slavischen, litauischen, griechischen, lateinischen Pronomen.

§. 19. Einzelne nachweisbare Übergänge von consonantischen in vocalische Stämme.

§. 20. Über die *as*- Stämme im Slavischen.

§. 21. Nachweis wie später ausschliesslich als vocalisch behandelte Stämme ältere consonantische Formen zeigen. Wechsel zwischen Neutrum (consonantisch *as*) mit Mascul. mit Feminin. (Griech. Slav. Lit. Lat.)

§. 22. 23. Slavische und litauische Masculinstämme femininer Form.

§. 24. Die griechischen Masculina auf -ᾱς -ης -ητ -ης -ηστης; das Nominativ *s*; die attische Declination.

§. 25. Die griechischen Verba auf -αω und ihr Verhältniss zu denen auf -άζω.

§. 26. Feminina auf -εδων -ηδων.

§. 27. Das pronominale Element δ (di) im Griechischen, Slavischen, Altbaktrischen, Altpersischen.

§. 28. Nachweis einer der voranstehenden analogen Entwicklung des Suffixes *mat* in allen verwandten Sprachen.

§. 29. Das Pronomen sma (Ssk. *sma*) ursprünglich *sva*.

§. 30. Übergang von sv (tv) in labiale: *kusindha kabandha* κύμινδις *cucurbita cucumis kusuma* Element *svi*.

§. 31. Element svi wird *bhi*, *svi* nachgewiesen als Nominativelement. Das Nominativelement identisch mit dem allgemein wortbildenden Suffixe. Suffix *tar*.

§. 32. Wechsel von -* âm* -*âu*, -*am* -*an*; *mi* die volle Form; neutrales *m*; Ausfall von *m*.

§. 33. Verhältniss der *m* zu den *bh*- Bildungen. Anmerkungen.

I.

Das Suffix ατ identisch mit dem daraus abgeschwächten ας (ες ος, vgl. bes. αὐτόετες) hat neben häufigerem kurzen auch langes ᾱ, das auch Derivata zeigen: ὑψικέρᾱτος (vgl. ssk. *mahânt-ânsi* got. neutr. -*ôn*). Hieher gehören οὐατ ἐγκατ κτεατ προσωπατ εἰδατ πείρατ κερατ φρειατ ονειατ ἀλειατ ἀλειφατ τερατ χρειατ στεατ. Wo der Nom. Sing. vorkömmt, zeigt er ς oder ρ am Schluss. ὦπα allein scheint das τ abgeworfen zu haben. In den obliquen Endungen fällt τ meist aus. ὕδατ und σκατ müssen noch besonders besprochen werden. Hier muss aber gleich von Anfang darauf hingewiesen werden, dass auch die Agens- (resp. Participial-) Bildungen von dieser Form ausgehen. Die zunächst hieher gehörigen Bildungen sind ἀ-τρέμας (ἀτρεμές ἀτρέμα direct auf ἀτρεματ?) nicht zitternd, ἀγκάς eig. umfassend (=ἀγχοντ) ἐντυπάς (sich) eingeschlagen habend. Besser erhalten ist das consonantische Element in ἀργέτ neben ἀργῆτ, *argentum*. (Hieher die böhm. Bildungen *drobet bte krápet kapet klápet loket nchet, majet-ný*, ursprünglich wohl auch noch *hřbet dehet kopet kypet*.) Erstere Form ist singulär, letztere häufig, vgl. ἔχητι und ἑκόντ πένητ ἑρπητ κέλητ γόητ λέβητ τάπητ μύκητ φάλητ ἄμητ ἔχητ κάρητ. Besonders häufig ist diese Bildung bei Eigennamen Μέγητ Μέλητ Λάγητ Κράτητ Πάχητ Χάρητ Φέρητ Τέλητ, denen durchweg Formen auf ας ες ος entsprechen. Auf eine solche Form führt πειρητίζω. Hieran schliessen sich die bald activen bald passiven Formen auf ητ ωτ: πλώτ χρωτ, meist zusammengesetzt: -βλητ -δμητ -γνωτ -βρωτ -τρωτ -πτωτ -θνητ -κμητ (wovon dann die Weiterbildungen -βλητός -δμητός etc. denen sloven. *dlato* (Wurzel *dal* höhlen) *zlato mlatð* entsprechen; böhm. *ležatý*). Der Wurzelvocal ist ausgefallen wie in ἐμόκλη ἐπίβδη Ὑπερίπτη, ganz entsprechend slavischen Bildungen wie пρта пρктн *pra prati* (böhm. *u-fati* wie *foukati* aus *praֹkati spirare;* stimmt auch zur Construction mit dem instr. dessen, worauf man hofft *pvaiֹe svoiciֹa siloiֹa* sup. cod. 79. 6; 85. 1; 332. 16. Vgl. *páchati pachnouti* und serb. *pahati*. böhm. *parucina?*), *dba, pta (znepty), cta, ospa, u-mðka prětðka;* wegen *-pkð* vergl. зкакк; von тлια тлѣтн. Das τ haben verloren ἤρως ὅμως (vgl. ἐδαμάσ-θη).

Die Form ας mit Auswerfung des dentalen Schlusses in den cas. obl. zeigen κῶας ψέφας οὖδας δίπας σέλας σφέλας κνέφας ῥέβας γέρας γῆρας πτέρας. λᾶας (msc.) geht wohl auf einen Stamm λᾶαν (sskr. *grávan*) zurück, man vergl. aber auch Λαισ-τρύγων *Stein-leser;* über das ις werden wir später sprechen. Nicht mehr gebräuchlich sind ἀγας (ἄγαν), nachweisbar aus ἄγαμαι (ἠγάσθην ἄγος) ἐρας (genau Sanskrt *varas*, z. B. Rg. V. 2. Ast. 5. Adhy. 12 2 *váránsi=* *varaṇiyáni*) ἐραμαι (ἠράσθην) γελας (ἐγέλασσε) ἱλας (ἱλασσέμεναι ἱλαρο) ὀύτας (οὔτασται).

Neben ας kommt αρ vor, ausser den oben erwähnten Beispielen, in ἄλκαρ εἶλαρ μῆχαρ θίναρ δέλεαρ ἔαρ ὄναρ ὗπαρ οὖθαρ πῖαρ πῦαρ μῦθαρ νῶκαρ μάκαρ (κάθαρ aus καθαίρω), und das adv. εἶθαρ; ἔαρ ist sicherlich nicht *svasar*, sondern einfach Wurzelnomen =Ϝαρ.

In der grössten Anzahl von Fällen ist ας zu ος ες (εσι) geworden. An ος ες schliessen sich, wie αρ an ας, ορ ερ und ωρ an. Doch hat sich der τ Laut noch erhalten in ὀνοτάζω gegenüber ὄνομαι ὄνοσαι, das zunächst auf ein nicht mehr selbständig erhaltenes ὄνος schliessen lässt. Ich füge gleich die ebenfalls selbständig nicht mehr vorkommenden ὁμος (ὡμόσϑη) und ἀρος (ἀρόμμεναι, vgl. ὕμμε sskr. *yuśma* - ἔμμεναι = ἐσμεναι ἴμμεναι = ἰσμεναι) hinzu. Vorhanden sind noch αἰδος αἴδομαι, wohl urspr. conj. wie ὄνομαι, αἰδοσαι αἴδοται); αἰδέομαι jünger aus αἰδεσι-ομαι αἰδοσιομαι, ἀοσσητήρ = ἀϝοσι-ητήρ (Leo Meyer richtig Sskrt. *avas*) und ἧος *uśas*, welches letztere bekanntlich sein α dehnt: *uśâsâ*. Vgl. auch ἐδήδεσ-ται und ἐδήδοται ἐδήδοχα. Bemerkenswert ist μογόστοχος Εἰλείϑυια verglichen mit σακέσπαλος τελέσφορος u. s. w., das ο wie in ὀυσαριστοτόκεια u. ähnl. Dagegen ist bei Aristophanes für ϑεσεεχϑρία sicher ϑεοῖς ἐχϑρία zu schreiben (viersilbig). Wichtig sind noch die Stämme ἔρωτ γελωτ wegen der Parallelformen ἔρας γελας und ἔρο γελο.

Die Bildungen auf ος ες sind im Wesentlichen folgende: ἄγγος ἄγκος ἄκος ἄγος βράχος? βένϑος ἄδος αἶσχος ἄλγος ἄνϑος ἄχϑος ἄλσος ἄχος ἄψος βάϑος βάρος βράγχος βράδος βλάβος βέλος βλέπος βρέφος γάνος γλάγος γένος γλεῦχος γλῆνος δάκος δάνος δῆνος γέμος δέρος δέος ἕδος ἕλκος ἕλος ἕρκος ἔγχος ἔϑος ἔρνος εὖρος εὖχος ἔπος εἶδος ἔτος ἔχϑος ἦδος ἦϑος ϑάλος ϑάλπος ϑάμβος ϑάρσος ϑέρος ϑύος κάλλος κρύος κλέος κλέπος κέρδος κάρφος κράνος κεῦϑος κῆδος κῦδος λέχος λέπος λίπος κράτος λάχος λαῖφος μάϑος μῆκος μένος μέλος μῆδος μῆχος νάκος νάπος νέμος νεῖκος (δ)νέφος (ἰοδνεφές) ξίφος (ὄνειδος) ὄρος ὄχος ὄξος πάχος πλάτος πέσος πένϑος πάϑος πλέκος (πρεσβος) πνῖγος πῖσος πλῆϑος ῥέγχος ῥέϑος ῥέος ῥῖγος ῥύπος ῥάμφος ῥάκος ῥάχος σϑένος σκέπος στῆϑος στύγος σμέρδος στέγος στέφος στεῖνος σκῦτος σκέλος σκάφος σκάρος σάκος σπέος σκότος τάρβος τάφος τάχος τρῆγος τέκος τέλος τέγος τεῦχος τῆϑος τεῖχος τρῦφος φάρος φέγγος φῦκος φάος φάρσος χεῖλος χῆτος ψεῦδος ψῦχος. δέρος wechselt mit δέρας οὖδος mit οὖδας ψέφος mit ψέφας λέπος mit λέπας σκέπας mit σκέπος μῆχος mit μῆχαρ, δέος δέαρ; zu bemerken ferner von κράτος ἀκράτωρ (ορ) und ἀκρατής (ές). So wechselt *as* mit *ar* im Ved. u. Sskrt. *suparyâmi* von *sapas* vgl. κεραίρω (κερασιω neben κεραίω) γεραίρω; *saḫar-duǵh* (σέβας), *vadhar*, *avar (avastât) vanar-gu uśar-budh bhuvar-loka rathar-yâmi anar-viç (anaḍ-vah) ambhar ahar ûdhar (ambhas ahas ûdhas) amnar amnas (manas* unversehens). Got. *unmanar-iggvs,* (Aengl. *maner)*, sonst *is: þevis sigis (-laun) riqis rimis hatis agis*

bariz (eins) gaviz- (neigs?) gadikis wohl auch *veihs hugs þeihs*
und nach Analogie mit *aiz raus dius frius;* adjectiv *gavulis.* Hieher
die got. (auch althochd.) Zeitwörter auf *izon ison hatizon valvison,*
die genau lat. *-erare refrigerare temperare* entsprechen.

Neutrale Bildungen auf ορ sind selten ἄορ ἦτορ. Zahlreicher die
Bildungen auf ωρ σκώρ ὕδωρ ἐέλδωρ πέλωρ ἔλωρ κέλωρ ἴχωρ (msc.
acc. ἰχῶ), bei den beiden ersteren auf nom. acc. s. beschränkt. Die
vier folgenden haben überhaupt nur nom. acc. s. wie die Bildungen
auf ορ und viele von denen auf -αρ.

Bildungen auf ές zeigen auch Agensbedeutung z. B. νημερτές
das an ἀτρέμας erinnert vielleicht auch κενεαυχές. Sicher gehören
hieher διαθανές ἀριπρεπές θυμοδακές ἀκρᾶές (ὑπερ-άλι-ζα-) ζαχρηές
ζαφλεγές φραδές (ἀ-) εὐφυές τανηλεγές κληροπαλές ἀλίπλανές ἀτυ-
χές καναχές ἀπειθές ἀστεμφές ἀνταυγές γυναιμανές πολυγηθές ἀσπερχές ἀσκελές πολυχαγκές εὐδρακές δι-παλιμ- πετές ἐπικρεμές αὐτοθελές πανδεχές κυκλοτερές τέρεν (τρητ-ό); activ 'die Füsse er-
reichend' ποδηνεκές; δουρηνεκές κεντρηνεκές passiv vom Sper vom
Stachel erreicht; (ebenso ἀπευθές in der Odyssee innerhalb weniger
Verse activ und passiv). In anderer Stellung φερέσβιος.

§. 2. Allein *at* ist nicht die ursprüngliche vollständige Form des
Suffixes. Dieses schloss unzweifelhaft zunächst mit einem *i.* Dieses ι
finden wir zunächst in Formen wie πηγεσίμαλλος ἐντεσιεργός ορεσί-
τροφος (vgl. ορειβάτης Εἰλείθυια Ὠρείθυια) τειχεσιπλῆτα ἐγχεσί-
μωρος, Formen, deren erste Glieder durchaus keine Dative Pluralis,
sondern die vollständigern Formen repräsentiren. Auf diese Formen
führen ganz klar die homerischen Dative Plur. zurück τεκέεσσι νε-
φέεσσι u. s. w. σσι ist durch Assimilation aus σϝι entstanden, ε vor
σσι aus ι, wie so häufig ι im Griechischen zu ε wird, namentlich in
unmittelbarem Contact mit einem *a*- Laute, also τεκεσε-σϝι τεκεσι-
σϝι. Aus τεκέεσσι ward τέκεσσι (ὄχεσφι). Wegen Ausfalls des ε siehe
weiter unten. Das Latein hat das *i* gar nicht ausgestossen: *gene-
ribus* γενεσι-σϝι. Ausfall erscheint nur ganz sporadisch und vereinzelt. Dieselbe Form als Agens in ἐλεσίπεπλος ταμεσίχρως ἀλφε-
σίβοια φθῖσίμβροτος (für φθιεσίμβροτος) φαεσίμβροτος ἀεσιφρον
(ἀάσθη) ὠλεσίκαρπος, Formen, die Leo Meyer in seiner vergleichen-
den Grammatik des Griech. und Latein. unrichtig aufgefasst hat.
Vgl. Anm. 1. Hieher gehört Ἀργειφόντης (für αργετι-φόντης) αὐτο-
θελεί neben αὐτοθελές ἀκραεί u. s. w. γεραίτερος μεσαιπόλιος und

dazu μεσσάτι-ος ὁσσάτι-ος, wobei an Sskr. *kati tati* und lat. *toti-dem quoti-die* zu erinnern. Sskr. *katipaya* steht für *kvatikvatya* Lateinisch *quotquot*. Griechisch πότε τότε ὅτε steht unzweifelhaft für *pati tati tyati* (Relat. Pr, ὅς Hom. ἑός im Gen. Fem. ἑῆς = *sya tya*), und entspricht in soferne genau altbaktrischem *kaçe*. Vorzüglich aber gehört hieher sskrt. *rodasyos duvoyá*, welche *asi* zeigen. Ssk. *upási* ist ὑπαί, nicht Local. Den Formen *Mâtariçvan antariksa* entsprechen altbaktrische Formen auf *are, antare dtare -cares aogare* (neben *aogô* Neutr.) *avare (avô avaṅhô avaregâo) isare zafare (zafan) zâvare tacare*, und der Vocativ der Stämme auf -*tar dâtare*. In *Mâtari-çvan* war offenbar der zweite Theil appositiv: der Hund *Mâtari;* wohl im späteren Sanskrt ist *Mâtalis* der Wagenlenker Indra's ein echter *i*-Stamm. *Mâtar* bedeutet hier aber sicher den Wind. Vgl. dagegen *svar = svarge* Rg. V. 4, 2, 22, 2. Der Beweis wird aber auch durch die ganze Abhandlung hindurch geführt und mit dem eben Bemerkten keineswegs als geschlossen betrachtet.

Zunächst wollen wir nur im Vorbeigehen auf eine weit verbreitete im Lateinischen Gothischen Litauischen Slavischen nachweisbare Erscheinung hinweisen, welche, indem sie das oben Bemerkte unterstützt, selbst wieder daraus ihre Erklärung schöpft.

Wir finden nämlich in diesen Sprachen bei Dentalen ursprünglich für consonantisch geltenden Stämmen fast durchgängig, wenn auch in sehr ungleichem Verhältnisse eine Neigung zum Übergange in *i*- und *ia* Stämme; im Latein jedoch beschränkte sich diese Erscheinung auf den nom. pl. n. und den gen. pl. überhaupt, und zeigt sich dort blos ein *i* vor der Casusendung: *ia ium*. Hie und da weist Nom. pl. m. Abl. sing. *i* (aus *ie*) auf. So flectiren Stämme auf *t nt tât al ar c;* für den abl. s. die comparative. Im Slavischen die 'Stämme auf ꙗ ма тєр, bei den Stämmen auf нт ҡс und im Comparativ. Im Got. vgl. bérusja mit slav. брадⱬшь und veitvods nom. pl. (regelr. conson.) mit ssk. *vidvânsas* (Leo Meyer).

Im Litauischen sind alle neutralen *as*-Stämme zu *i*-Stämmen erweitert *nabhas* νέφος (ὀνέφος) *debcsis*. Die Stämme auf *en men* bilden neben consonantischen die Casus auch nach *i*- und *ia*-Formen (vgl. *juvenis* ssk. *yuvan)*, die Stämme auf *ter* neben consonantischen nach *i*-Formen; Zahlwort, Participien des *Praes.* und *Praet,* und den Comparativ nach *ia*-Formen. Wie die Sprachen dahin kamen, aus diesem schliessenden *i* die Grundlage von *i*- und *ia*-Stämmen zu bilden, werden wir später sehen. Vor der Hand wollen wir nur aus dem Zusammentreffen der verschiedensten Sprachen in diesem Puncte den Schluss ziehen, dass demselben eben etwas gemeinschaftliches zu Grunde liegt, und dass dies der vocalische Ausgang der Bildungen ist.

§. 3. An die Stämme auf ατ schliessen sich Weiterbildungen mit zum Theil activer, zum Theil passiver Bedeutung: ἀδάματος ἀκαματος zu vergleichen mit ἀδμητ ἄδμητος ἀδαμαντ ἀδάμαντος ἀκμητ ἄκμητος ἀκαμαντ ἀκάμαντος. κάματος θάνατος (ἡμιθνητ). ὄρχατος ἕκατος στρατ-ός — θαυματός — πελάτης ἐλάτης ἐργάτης -ετος -ετα -ετης: ἄλετο (st. ἄλες) κόπετος νίφετος ὕετος συρφετός, ἀϜιετός ἐμετός εὑρετός παγετός ἕρπετον (ἕρπητ) δάκετον (δάκος) πυρετός (πυρεττω=πυρετι -ω -ετι got. *svógulyan lauhatyan* ahd. *azian azan* etc.) σκελετός κάπετος ὀχετός -άγρετος ἀριδείκετος ἀμαιμάκετος ἀτρύγετος ἐξαίρετος ἐλετός πάχετος (πάχος) περιμήκετος (μῆκος). νεφεληγερέτα ἐριβρεμέτα (-ετης) ἀλκέτης ἠχέτα (ἐυρρειτα) ἐπαινέτης αἱρέτης ἀλέτης ἀρχέτης δραπέτης ἐρέτης εὑνέτης εὑρέτης ἱκέτης εὑμενέτης ναιέτης χρεωφειλέτης φυλέτης ὁμωχέτης -αγέτης -αρέτης -βελέτης -γενέτης -ολέτης -δακέτης -εργέτης -θέτης (mit Ausfall des Wurzelvocals?); οτ finden wir erweitert in ἱππότα (-ότης) ὁπμότης (wohl junge Bildung); wichtiger βιοτος βροτός. Hier ist der Ort der Bildungen auf ητί und ει zu erwähnen; ἀβοητί αὐτοβοεί, ἀμελητί ἀμελεί, ἀμαχητί ἀμαχεί, ἀμογητί ἀμοχθεί; ἀνουτητί (οὐτας-); ἀψοφητί ἀκοπητί ἀπονητί. -εί ist auf ετι zurückzuführen. Vgl. auch μεταστοιχεί παμψηρεί etc., wo überall das alte *i* sich erhalten hat. Die Längen ητ ωτ zeigen sich erweitert in ἀκ-άκ-ητ -α γόητ γοήτης u. s. w.

Hieran schliessen sich Bildungen, in denen ας zu αρ ερ verwandelt worden. In vielen ist der Vocal ganz ausgefallen. So γεράρος (nebenbei γεραιός aus γερασιος) μύσος μυσαρ-ός σθένος σθεναρ-ός λίπος λιπαρός ῥύπος ῥυπαρός ἱλασ-ἱλαρός καθαριω καθαρός μάκαρ μακάριος (hat sein altes *i* behalten), μιανιω μιαρός ebenso γλάγος γλαγερ-ός κάρτος καρτερός θάλος θαλερός σφαλερ-ός ἄφαλες, κρύος κρυερός στυγος στυγερός τραφερ-ός ταχερ-ός φανερ-οσ βλαβος βλαβερός ὄνεφος ὀνοφερός κῦδος κυδρός ἔχθος ἐχθρός αἶσχος αἰσχρός ψῦχος ψυχρός. Die Ableitungen auf -αρ-ός haben also die ältere Vocalstufe erhalten. Ausserdem führt χλιαρ-ός λιαρός χαλαρός auf eine alte Participform ατ oder auf einen Stamm χλιανιω zurück; ebenso νεαρό auf νέατ-ος νειαιϝα νειατια (mit νεϝιατ zu vergl. *novensiles* f. *noventiles*) νειαρι-α ιοχέαιρα auf ιοχεατια μάχαιρα auf μαχατια. Vgl. auch πρῶτος πρῷρα aus προ πρωατια πρώαιρα πρώειρα.

Unter den Bildungen, in denen ρ in λ übergegangen ist, sind die auf -αλέος Ssk. *asyà* merkwürdig: γῆρας γηραλέος κάρφος καρφαλέος κέρδος κερδαλέος, θάρσος θαρσαλέος σμερδος σμερδαλέος. ε ist aus ι entstanden, erhalten in Δευκαλίων (ἀ-δευκές Πολυδεύκης) Ἐρευθαλίων mit ἔρευθος ἐρυθαίνω. So in εἰδάλι-μος εἶδος κυδάλιμος κῦδος πευκάλι-μος ἐχεπευκές. ἀσχάλλω aus ἀ-σχαλι-ω von (σ)εχω Ssk. *sahas*. Geschwunden ist der Vocal ι in αἶθος αἰθάλη αἴθαλος ἀγκάς ἄγκαλος διδασκαλ-ος von einem alten διδασκατ. σκάφος-φηφάλη. δάμαλος δάματ (ἀδάματος) δαμας — εἴκελος ἀεικές Σθένελος σθένος — δείκελος δείκηλος τραπελός ἐπιζάφελος δυσπέμφελος δείελος.

Das alte Schwanken in der Quantität, zeigt sich bei μένος ἀμέννην-ος (μενεαίνω) σέλας σελήνη ἄνθος ἀνθηρός τάριχος ταριχηρός ὑγιές ὑγιηρός ῥῖγος ῥιγηλός (ῥιγεδανός) κάρφος καρφηρός πνῖγος πνιγηρός πένητ πονηρός ἔχητι ἔχηλος ὀλισθηρός ὀλισθάνω σκληρός σκελετ-ός.

Auch η erweitert consonantische Stämme (wir werden später sehen, dass dieses Suffix consonantisch endigte): ἀρετή (ἀρέσκω ἀρέσ-θη) γενέτ-η γαμετ-ή τελετ-ή μελετ-ή βιοτ-ή — ἀθάρη ἡμέρα ἦματ — νέφος νεφέλη ἀγέλη κυψέλη ζεῦγος ζεύγλη αἴγλη. Mit Wechsel der Quantität θυηλ-ή θύος γαμφηλή (γαμφή) θαλπωρή θάλπος εὐχωλή εὖχος πληθωρή πλῆθος ἁμαρτωλή ἁμαρτάς τερπωλή (-τερπές) ἐλπωρή (ἀελπές) φειδωλή (αφειδές). Vgl. die Neutra auf -ωρ.

Dieser Wechsel erinnert an eine ähnliche Erscheinung auf dem Gebiete der lateinischen Wortbildung. Die Stämme auf *or ōris* msc. gen. entspringen nämlich der Neutralbildung anderer Sprachen und wechseln mit diesen sogar im Lateinischen selbst: *decus ŏris decor ōris fulgur uris fulgor ōris*. Noch interessanter ist das Verhältniss von κρεϝατ χρέας zu *cruor algor* ἄλγος *clangor* ἀκραγγές *color* χρωτ (Leo Meyer) *frâgor* -ῥαγές *fulgor* -φλεγές *odor* δυς-ωδές *rubor* ἔρευθος *sopor somnus* ὕπνος *tenor* ἀτενές *sûdor* ἱδρ-ωτ *favor*, *faustus* φάος *fervor* θέρος; dazu Weiterbildungen *aurôra decôrus canôrus honôrus odôrus sonôrus sopôrus* etc. ssk. *usâs-aurôra apsaras dhvaras*.

Neben -αρ -ορ zeigt sich im Geschlecht abweichend -ερ αἰθέρ ἀέρ (viell. identisch mit ἄορ das hangende schwebende) ἀθέρ ἀνέρ; darauf gehn zurück μάγειρος für μαγερι-ος und ἔθειρα (vgl. πρέσβειρα von πρέσβος πίειρα von πῖαρ; und -ελλα ἄελλα (ἀερια) θύελλα μάκ-ελλα ὀικ-ελλα (die Schleudernde) βδέλλα.

Von geringer Wichtigkeit sind die Fälle, in denen θ erscheint ἀγ-αθ-ός ἀμ-αθός ἀσπάλ-αθος γν-άθος κάλ-αθός κύ-αθος ψίαθος. Höchst wichtig dagegen ist die Erweichung zu ᾿θ αδ οδ εδ. οδ findet sich selten: in σκίμποδ (vgl. σκίμπον, σκίπον), νέποδ-ες (napát napti nepôt neptis Abkömmling; die griechische Form ist die Mittelform, vgl. ἀ-νεψιός Geschwisterkind, mit dem man zugleich Enkel ist. vgl. auch mhd. *niftel* got. *niþjô* altn. *nidjungr*). So theile ich auch ἐγ-θοδ-οπῆσαι ἀλλοδ-απή *(anyat)* ἡμεδ-απή *(asmat)*. Noch nachweisbar ist der Wechsel in ποταπός und ποδ-απός, vgl. Sanskrt *asmadiya madiya yuśmadija tvadija*, wo *d* überall aus *t* erweicht. Einigermassen dürfte diese Behandlung gerechtfertigt sein durch das homerische ἀκ-ηχέδ-αται, das offenbar auf einen mit ἄχος verwandten consonantisch schliessenden Stamm (von ἀχέω) hinweist.

Bei vielen der Formen auf ἀδ ist die Agensbedeutung klar λυσσάδ μοιχάδ δρομάδ μηκάδ συμπληγάδ πηγάδ πλωάδ στροφάδ τοκάδ φθινάδ φοιτάδ φορβάδ φυγάδ ἑλκάδ τυπάδ φοράδ νομάδ μιγάδ θυιάδ λαμπάδ κολυμβάδ ἀμοιβάδ.

῾Das Latein zeigt Verwandtes in den zahlreichen Formen auf -*idus d. i. -id-us*. Dass dies aus *it-us* geschwächt ist, erkennt man aus *tacit-us* und Variationen, die *t* behalten haben z. B. *crepida crepitare fluidus fluitare pavidus pavitare;* man vgl. ferner *cruentus crudus cruor, fluent fluentum fluidus fluor;* consonantisch ist nur mehr *lapid cuspid cassid* (mit *cassida*); mit *-i* gebildet *vir-id-is*. Anders als im Griechischen entsteht im Latein *l* häufig aus *d. vivid-us* setzt einen consonantischen Stamm *vivid* voraus, der jedoch nur in der Form *vigil* für *vigid* besteht. Damit hängt zusammen *veget-us (vegent)*. Andererseits bestehen neben secundarem *id-us -id-is ilus ilis* in umgekehrtem Verhältnisse der Häufigkeit *mutilus nubilus rutilus aquilus* etc. *agilis (agitare) facilis, docilis, fragilis. -bilis,* wahrscheinlich wiewohl nicht nothwendig eine Bildung von der Wurzel *bhû*. Vgl. auch *gracilis* mit *gracent*. Neben diesen Formen bestehen andere *l*-Bildungen auf *ulus ul-us,* deren Agenscharakter an die Participia erinnert: *sedulus, stridulus, cingulus, tegulum, torculum,*

vinculum etc. etc; auch sie gehen natürliches auf consonantisch *ul*
zurück: *famul (famul-us)*, *-sul* (wrz. *es*) *consul ec-sul praesul-*
— zu erschliessen aus *hiul-cus*, *petul-cus*, *sepul-crum singul-tio;*
den Zusammenhang mit *ilis* stellt her: *facul-facilis simul (semol)*
similis vielleicht auch *transilis* zu einem *transul (trans-sul)* nicht
zu *trans-silire* zu ziehen. Vgl. Altbktr. *-han.*

Mit diesen Bildungen stimmen die wenigen Formen des Ssk.
auf *ád* überein *dṛśád bhasád tarád çarád darad.* Andere Bildungen scheinen in einem gewissen Zusammenhange mit den Feminin-
Bildungen auf *-η* zu stehen; z. B. μηνάδ μήνη πελειάδ πέλεια σκιάδ
στιβάδ νεκάδ φυλλάδ νιφάδ λιθάδ σπιλάδ χέραδ (?) ψεκάδ, sie kommen grossentheils nur im Plur. vor. Hieher slav. *čeliadь* und die ser-
bischen Collectiva auf гадь. In Bezug auf den Übergang von *t* in *d*
erwähne ich κρεάδιον von κρεατ gegenüber σκευάριον von σκεῦος,
die Bildungen auf μαδ von ματ αἱμάδ ἁλμάδ ἱκμάδ χερμαδ χερ-
μαδιο- χρόμαδος und χρεμετίζω χειμάδιος χεῖματ. Man berück-
sichtige auch Bildungen wie σκευάζω von σκεῦος, γουνάζω von γου-
νατ, ἀεκάζω ἀεκητ κεδάζω ὀνομάζω θαυμάζω χαρίζομαι.

Bei *άδ* finden sich Spuren von altem *-ι* in der altatt. Betonung
χιλιαδῶν. αδ wird zu αδ-ος erweitert ὅμαδος (Ssk. *samátsu samá-*
dâm upasthe) χρόμαδ-ος (χρεμετίζω) κέλαδος (κελάδοντ κελαδει-
νός) χάλαζα (-δια); unklar κατωμάδιος. Neutrale Bildungen sind
κίναδος σπέραδος χέραδος. Ob ὄνειδος aus ὀνεδιος abzuleiten und
dies auf den Stamm ὀνος ὄνομαι und ὀνοτ ὀνοτάζω zurückzuführen,
ist nicht leicht zu entscheiden. Eine ähnliche Frage kann man sich
bei ἀείδω ἐρείδω stellen.

§. 5. Häufiger finden wir εδ in Verbindung mit *-αν -ον*, aber
auch *-ηδ* (ἀηδόν? zu ἀκηχεδ-αται ἐρηρεδ-ατο) und ων (ώνη); αν
ist geblieben in den erweiternden Formen *-έδαινα φαγέδαινα -αινω*
μελεδαίνω aus φαγεδανι-α μελεδανι-ω (trotz μελεδών ὦνος und μελε-
δώνη und μεληδόν) und *-εδανός* (woneben auch εδνός): Μακεδόν ἀκη-
χεδόν (ἀκηχέδαται) Ἀνθηδόν (Ἀνθήνη) κτηδόν (κτέν) ἐδηδόν (ἔδες
ἤδες) ἑρπηδόν (ἑρπῆτ) λαμπηδόν (λαμπάδ) μυρμηδόν (μύρμος altbaktr. maoiri altslov. мрдкнй μυρμή-κ *anord. maur.*) σκληδόν.
Sloven. neben *skvara skovrad-a, gramad-a* = ηδων, *ьda* = εδων
pravьda krivьda vražьda lit. *szlavьd-r-a, ravad-a-s* Unkraut
(rauti rauju rowjau jäten) στρευγεδόν ψηκεδόν (ψεκάδ) λακεδόν
ληθεδόν πυθεδόν τηκεδόν σηπεδόν τυφεδόν ἀρπεδόν (ἀρπεδόνη) κλεη-

ὀόν ἀχϑηὀόν ἀλγηὀόν τερηϑόν χαιρηὀόν — μηχεδανός μακεδνός τηκε-
δανός (τακερ-ός) τυφεδανός ῥιγεδανός ῥιγηλός *(frigédo)* πευκεδανός
(-πευκές πευχαλιμος) ἠπεδανός (ἤπιος) ἐλλεδανός (ἰλλάδ) γοεδ-
νός (γοερ-ός); für letzteres vgl. ὀλοφύρω ὀλοφυδνός μύρω ἀλιμυρήεντ
ἄλμυρος und Σαλ-μυδ-ησσός und μυδαλέος.

Im Latein steht auf derselben Stufe *heréd mercéd* und die Bildungen auf *édo edin*, mit denen die wenigen auf *ído* eine erst später
zu erklärende Verwandtschaft haben: *torpédin capedin rubedin,
frigedo, libído, cupído* u. s. w. *mercenn- arius* aus *merced (i)
narius*.

§. 6. Das Suffix *at* geht auch in αν über: μεγαν (woraus μεγαλο;
wie ἀγαν zu ἀγας-; μέγα kann wohl nur auf einen Stamm μέγας
[vgl. ἀτρέμα und ἀτρέμας] oder μέγατ *mahat* zurückgeführt werden;
allerdings Voc. Πουλυδάμα st. Πολυδαμαντ; ἀτρέμα kann freilich auch
auf ἀτρέματ zurückgehen), μέλαν τάλαν λᾶϝαν — sonst noch aus
Verbal-Stämmen κῦδος κυδαίνω κυδάνω κέρδος κερδαίνω ϑάμβος
ϑαμβαίνω ἔλκος ἐλκαίνω ὑγιές ὑγιαίνω d. i.-ανι-ω; εν: ϝαρεν (ϝρην)
πτην ident. damit ψην λειχήν πυρήν σωλήν βαλήν (für βασλήν?)
κηφήν, erweitert γλήνη γαλήνη (γλῆνος γαλαχτ vom Glanze) εἰρήνη
(εἰρεν; Vertrag, Verabredung) σαγήνη σελήνη (σέλας) σκηνή (für
σκιννη) κρήνη (?) πτηνός κάρηνον τιϑήνη (τιϑάδ) Ἀϑήνη. Anm. 2.

In Bezug auf -ον ist εἰκόν mit ἀ-εικές εἴκελος κατηφόν (κα-
τηφές) zusammenzustellen, wie πέπον mit πέπειρα. Sonst αἴϑων
(αἰϑήρ) χάρων (der die Zähne weisende καρχαρόδων; auch χαίρω so
zu fassen) τρίβων μήκων *(mágan)* κλύδων ψιδόν (ψεδνό), τρῆρ-ων
(τρεσ wie ἐπιζαρεῖν ζωρός von ζεσ) -κτι-ον-κτυ-ον κίον ἄξον κύον
ἀρηγόν κανόν ὀπάον (=ὀπᾶδον ὄπασσε = ὄπαϑ-σε) πρίον φλέδον
κλαδόν (κλῶν zusammengezogen mit Ausfall des *d*) φλέδον, die Länge
in: βλήχων γρόνϑων δόρκων (δορκάδ) κήλων κνήκων κῦφων κώδων
κώϑων μύχων παρών πώγων ῥώϑων σίφων σκήπων (σκηπάνιον)
u. s. w.

Ungleich häufiger kommt die Erweiterung αν-ος αν-ον αν-η
ονη νος zum Theil, wie es scheint mit Übergang in λ: κοίρανος ϑύ-
σανος οὐρανός στέφανος στεφάνη δρέπανον δρεπάνη ὄργανον ἐργάνη
(ἐργάτης) χόανον χοάνη κλίβανος κλίβανον ἄκανος ἐδανον (εἴδαρ
ἐδ -ηδεσ -έδες-τός) γλύφανον κτέανον (κτῆνος κτέατ) πήγανον κό-
πανον ξόανον (λείψανον) τρύπανον ὄχανον ὀχάνη πλόκανον (πλοκάδ)

2*

πόπανον (πεπον) σκηπάνιον σπάργανον τήγανον τύμπανον φρύγανον
χόδανος. — πιθανός (-πιθές) ῥοδανός ἐδανός (ἀνδάνω ἡδονή)
ὀρφανός δάπανος σκεπανός (σκέπας) στεγανός (στέγος) στυγανός
(στύγος) σφεδανός (σφόδρα) χλιδανός (χλιαρός) λίτανος κύανος ἱκα-
νός ἐπιήρανος (ἔρας ἔρωτ) ἐπηετανός ἀρτάνη βοτάνη ἐρκάνη (ἔρχος)
θηγάνη ῥυκάνη λεκάνη μηχανή (μῆχαρ) — ἀγχόνη ὀθόνη αὐόνη
βελόνη (βέλος) ἡδονή (ἦδος ἀνδάνω) ἀκόνη καλλονή (κάλλος kal-
yána) περόνη σφενδόνη ἀμπεχόνη, mit Ausfall des Vocals τερπνός
(ἀτερπές) σπερχνός (ἀσπερχές) στυγνός (στύγος) σμερδνός (σμέρδος) σεμνός (σέβας), κραιπνός (κραιπάλη welches zu lit. kraipytis
sl. крѣпкⱪⱪ gehört, erster Begriff der des Drehens, daher Schwin-
del; im Slav. so gewendet wie obratný böhm.) Alle Bildungen gehen
auf αν zurück, und ist ihre Verwandtschaft mit den participialen Agens-
bildungen unverkennbar. Vielfach ist wohl ν in λ übergegangen. κρό-
ταλον κύμβαλον γνάφαλον ὄμφαλος πάσσαλος τροχαλός χθαμαλός
(Ssk. neutr. ksáman) κρέμβαλον γύαλον (γυάλη) ῥοπαλον πέταλον
(πετας ὑψιπέτηλον) κνώδαλον (κνωδοντ) κεκρύφαλος (κροκύφαντος)
ἄγκαλος ἀγκάλη (ἀγκάς ἄγκος) ἁπαλός ἀτάσθαλος ἴξαλος ὁμαλός
σίαλος ὑπερφίαλα σκύταλον σκυτάλη σκύβαλον (σκατ=σκυ-ατ)
κεφαλή (ags. schwaches msc.) αἰθάλη κραιπάλη κροκάλη στραγγαλή.
Die Form ολ: αἰόλ-ος (αἰόλλω) μαινόλ-ης ὀζόλ-ης σκωπτόλ-ης
-ελος: σφάκελος σκόπελος πύελος μυελός στυφελός στυφλός ἄμπελος
ὄβελος στρεβλός σιφλός τυφλός. Auch die ων-Formen kommen erweitert vor: κολωνός κορώνη Δωδών Δωδώνη χελώνη οἰωνός (vi
ssk. Vogel) ὑωνός. Hieher gehören endlich die Feminina auf ώ oder
richtiger (wie Vaseninschriften zeigen) ῳ, deren Entstehen und
Zusammenhang aus und mit den ων-Stämmen bereits zu Genüge
nachgewiesen ist, z. B. in Leo Meyer's vergleichender Grammatik
des Griechischen und Lateinischen und früher von H. L. Ahrens.

§. 7. Hier muss auch auf den engen Zusammenhang dieser Femininform mit der auf η hingewiesen werden. Beide Formen kommen parallel mit einander vor αὐδώ αὐδή (ἀϝηδών ἀϝηδώ) ἠχώ ἠχή
θηλή θηλώ ἐνιπή Ἐνιπώ δοκή δοκώ Γόργη Γοργώ (Γοργών) Hagne
Ἀγνώ Κελαινώ Κελαινή Πρωτώ Πρωτή — Κλωθώ Σθενώ — neben -τή
τώ -εστώ in εὐεστώ -κακεστώ θελκτώ Δωτώ Δωσώ Ἀλεξώ Καλυψώ
Ἀλφιτώ Λαμπιτώ. Das ι zeigt noch der Vocativ οῖ. Wir werden es
aber auch im Local (Dativ) wieder erkennen.

Dieses *i (y)* findet sich erhalten im Sanskrt Alt-Baktrischen Slavischen Litauischen. Im Griechischen haben wir Κλυταιμνήστρα wahrscheinlich γυναι-κ, gegenüber dem nominativ γυνή und χαμαί und die Derivata auf αι-η ἀναγκαίη σεληναίη, die ihren nom. sing. wahrscheinlich erst bildeten, als Doppelformen für die casus obliqui bestanden. Es sind dies also Rückbildungen, die von unrichtigen Voraussetzungen ausgehen.

Das Latein zeigt *hae-c quae* vielleicht auch *aquae-licium* neben *aquilicium. n* zeigt Ssk., Altbakt., Alts., Angels., Althochd. doch sind schon die got. fem. auf *ôn* hieher zu ziehen, die im gen. plur. *ono* haben. Ob im gen. pl. αων *s* oder *n* ausgefallen, ist nicht ganz leicht zu entscheiden. Für ersteres spricht die Verwandtschaft mit lateinischem *arum*, für letzteres die Verwandtschaft mit den ώ-Stämmen. Ein Beispiel ist von Wichtigkeit, und dürfte das letztere begünstigen, nämlich der gen. pl. ἐάων zunächst für εὐανων (Stamm εὐαν in εὐη-γενές Εὐην-ός). Da εὖ = *vasu*, so steht ἐάων für *vasvánám* nach Analogie von Ssk. *daçánám* von *daçan*. Nicht sicher ist, ob der aeolische Gen. δέκων πέμπων hieher gezogen werden kann. Besser aber wird diese Behauptung begründet werden können, wenn von dem Zusammenhange der *-an* mit den sogenannten *a*-Stämmen überhaupt wird die Rede sein.

§. 8. Da wir bei den Stämmen auf *-an* angelangt sind, so wollen wir hier den Beweis führen, dass die Stämme auf *i* schlossen, und zugleich nachweisen, wie tief dieses Factum in die ganze Wortbildung eingreift.

Die neunte Conjugationsclasse im Sanskrit fügt nach der gewöhnlichen Definition an die Wurzel die Bildungssilbe *ná ní* an. Wir werden im Verlauf unserer Darstellung zeigen, dass diese Conjugation in nichts besteht, als in einer Anfügung der Personalelemente unmittelbar an eine Nominalbildung. Zunächst ist zu bemerken, dass im Veda der Unterschied im Gebrauch zwischen *ná* (für die sogenannten starken) *ní* (für die schwachen, am Personalelement betonten) Formen mehrfach noch schwankt, so z. B. *grbhṇáhi, prīṇáhi, miními, minís, minít* für regelrechtes *grhṇíhi, minámi, minás minát*. Wir werden dadurch vorbereitet auf die Erkenntniss, dass beides *ná* und *ní* nur Modificationen einer ursprünglichen Form sind, die allmählich erst streng geschiedene Sphären des Gebrauches angewiesen

erhalten haben. Das Griechische kennt nur *νη νᾰ*, mit welch letzterem
einzelne Formen der epischen Sprache des Sanskrt. stimmen *agrh-
ṇata*, Ved. *namnate*, statt *namníte*.
Für die zweite Person Sing. des Imper. der auf Consonanten
schliessenden Wurzeln dieser Classe existirt eine singuläre Form *áná*
grbháná, *skabháná*, welche eine regelrechte Conjugation *ánámi*,
ánási, *ánáti* könnte vermuthen lassen. Indess zeigt sich altbaktr.
fryánmahi, (neben unregelmässigem *frínámahi = prínímasi*) offenbar eine consonantische Form, wo *-mahi* unmittelbar an eine *án-*
Bildung *fryán* gefügt ist, während die Formen *áná* vocalisch,
a-Bildungen sind, oder doch sein können, auf jeden Fall Weiterbildungen sind. Es bedarf wohl kaum der Erinnerung, dass man bei
den Formen der neunten Conj.-Cl. immer zugleich an die *-an*-Bildun-
gen, die ja bei keiner Wurzel fehlen, denken muss, also bei *math-
námi*, *mathání* an *manthan puṣṇámı*, *pusáṇá* an *púṣ-an* u. s. w.

§. 9. Eine andere Eigenthümlichkeit ist, dass neben den Bildungen auf *ná áná* von denselben Wurzeln Bildungen auf *-áyá*
vorkommen: *mathná*, *mathíná*, *matháyá- skabhná*, *skabháná*,
skabháyá- stabhná, *stabháná*, *stabháyá- grhná grháná*, *grbháṇá*,
grbháyá- pruṣṇá, *pruṣáṇa*, *pruṣáyá- puṣṇá*, *puṣáṇá*, *puṣáyá*
muṣṇá, *muṣáṇá*, *muṣáyá- prîṇá*, *priyáyá*, *nabhná*, *nabhání*,
dabháyá- çranth, *çrathná*, *çrathína*, *çratháya*. Auch das Altbaktr.
scheint solche Formen besessen zu haben: nicht anders ist zu erklären,
mitayatu (Ved. würde es sein *mitháyátu*) zu *mitnáiti*, das Justi freilich zur 10. Conjugationsclasse, wohl nur äusserlich zieht, *géurvayat*
zu *gerewnáiti*. Wie wir nun im Altbaktr. *fryánmahi* die consonantische Flexion gegenüber den Formen *-ána* haben, so weist der Ath-
arvav. VI 32, 2. 66, 2. eine Form *áy* auf in dem Imperf. 3 Sing.
açaráit (sonst *acṛṇát*). Da nun eine Bildung *ái* an und für sich unmöglich ist, so sind wir gezwungen, die Formenreihen:

$$áná \quad áyá$$
$$án \quad áy$$

zu combiniren, und erhalten so die ursprüngliche Form *áni*, an
welche *t (ti)* als Personalelement kam. Vgl. wegen des ausgefallenen
uṡman, *uṡmáyate*, *kṛpaṇyate*, *kṛpáyate*, *rájáyate*, *vṛṣaṇyate*,
vṛsáyate. (Vgl. Anm 3.) Die Form *achán*, die *Sáyana* Rg. 4, 6, 25, 5.

mit *niyachatu* erklärt, erweist sich durch ihre Accentlosigkeit als Verb. Da *aç-(nu)* aus *naç* verkürzt ist, so steht *achán* vielleicht für *naçchán-t* lat. *nanc-isc-or*, und wäre eine *fryánmahi* analoge Form. Nun können wir zunächst für den Unterschied *ná ní* einen Grund angeben. An die Form *áni*, die (vgl. R. V. 2, 12 5 *isananta* zu *isnámi*, *isanas*, *isanat*) gekürzt und zuletzt ihres Vocals *a* beraubt ward (Sskr. *kuthnáti* κευϑανω ίκανω φϑάνω hom. vielleicht werden wir eine doppelte *áni-* und *ni-* Bildung annehmen müssen), tritt ein Suffix, das mit *á* anlautet (wir werden gleich sehen, dass noch etwas hinzuzufügen ist); *niá* wird bald zu *ná* bald zu *ní* in ganz regelrechter Weise. Doch zwingt uns die Länge des *á* und die Art der Flexion, den Gedanken an eine *a*-Bildung aufzugeben. Das nächstliegende ist nun eine zweite *an*-Bildung anzunehmen. Möglich, dass schon *grbháná skabháná* für *grbhánan skabhánan* stehen. Die Bestätigung dieser Vermuthung liefert aber das Slavische. Das Slovĕnische zeigt bekanntlich нѫти im Inf. der zweiten Classe. Dieses нѫ zeigt sich im Part. Praet. Pss. двигнѫтъ *dvignątŭ* und ziemlich häufig im Aorist ѧхиѫ потъкнѫшѧ etc. Nichts in aller Welt rechtfertigt diese Endung anders, als nasal *nan* zu nehmen; denn Nasalis entsteht nie durch Steigerung und selbst *u n* würde, so weit wir folgen können, nirgends zu ѫ werden.

Nun ist allerdings nicht zu verkennen, dass zur zweiten Classe Bildungen gehören, die auf *nu* hinweisen, ebenso so deutlich als нѫ daran zu denken peremtorisch verbietet. Es sind dies vorzüglich Participialbildungen auf нокнѫ. Nicht vergessen darf man Nebenbildungen der Verba нѫти auf нокати ѫхиѫ ѫхнока ноплакиѫ ноплакнова влѧсиѫ влѧснока пригрѫиѫ пригрѫнова въспомѧиѫ въспомѧнока дрѫзиѫ дрѫзнова тихиѫ тихнока канѫ канока косиѫ коснокати миниѫ минова прѣтъкнѫ прѣтъкнова вѣкиѫ вѣкнова зниѫ зиннока обинѫ обиннока. Hieraus geht nun blos hervor, dass die zweite Conjugationsclasse des Slavischen eine Mischclasse ist, und die fünfte und neunte Classe des Ssk. vereinigt. Schon Ssk. und Altbaktr. zeigen Beispiele genug, dass eine und dieselbe Wurzel nach beiden Conjugationen zugleich flectirt wird. In ersterm *kši si sku ṛ*, *vṛ*, *stṛ*, *pruš*, *skabh*, *skubh*, *stamb*, *nabh*, *dabh*. Ebenso zeigt sich ein Wechsel von Sanskṛt zum Altbactrischen *hinoti zinát prṇáti perenáiti perenaoiti sunoti hunáiti haonaoiti*. Bedenken wir, dass die gothischen Bildungen *gasvinþnan, gabignan, gadaup nan, gafullnan, gahailnan* u. s. w. vielfach übereinstimmen mit den slavischen Bildungen, sogar in der Bedeutung, so kann man nicht umhin, die goth. Infinitivendung -*nan* als identisch mit jenem slav. нѫ anzusetzen, wobei man nicht vergessen darf, dass beides Nominalbildungen sind. So verhalten sich die oben angeführten Bildungen zu *gasvinþjan, gabigjan, gadauþjan, gafulljan, gahailjan* wie вѣікнѫти zu оүчнти вѣзвнѫти zu вѣзвоүдити гаснѫти zu оүгласити погрѧзнѫти погрѧзити погѕібнѫти zu погоүбити etc.

§. 10. Schwierig ist die Beantwortung der Frage, ob die Formen des Praesens von der fünften oder neunten (Ssk.)-Classe abzuleiten sind. Nicht zu läugnen ist, dass die Herleitung von двигнѫ нешн нетъ etc. aus двигнвѫ нвешн нветъ lautlich kein Bedenken hat; auch das Sanskrt kennt Formen wie *ṛṇvati* (Ved.) *prấhiṇvam ahinvat* etc. statt *ṛṇoti prấhiṇavam ahinot*, im Epos sind sie zahlreich, fehlen aber auch im Veda nicht. Doch dürfte es Verwunderung erregen, dass Formen wie двигноүмъ двигноүши двигноүтъ gar nicht vorkommen. Unmöglich ist es also nicht, dass die Formen des Präs. aus двигнѫнѫ двигнѫнешн нѫнетъ entstanden seien (vgl. *raspenije* für *raspъnenije*) was freilich auch einen Übergang zur *a*-Conjugation voraussetzt. Möglich wäre auch двигнѫ oder намъ (vgl. имамъ, das wie wir sehen werden, aus *iman-mi* entstanden) двигнѫшн нѫтъ etc., gewesen. Möglich endlich, dass diese Formen beide sammt und sonders durch zwei ganz verschiedene Vorgänge aus den zwei ältern verschiedenen Formen sich entwickelt haben und sowohl двигнѫнѫ als двигнвѫ sich zu двигнѫ verflachten.

§. 11. Auch das Griechische zeigt bekanntlich in der νυ-Conjugation die Abweichung dem Ssk. gegenüber, dass es nicht guniert. Dabei zeigt sich aber mehrfach consonantischer Auslaut in γανυ γανύσ-σε-ται τανυσ u. s. w. Besonders interessant aber ist ἀμ-πνύν-Ͽη. πνυν steht für πυ-νυν dem im Ssk. *pu-nấ* entspricht. Umgekehrt finden wir δεικανάω, das auf δεικαναν-ω, ἰσχανάω, das auf ἰσχαναν-ω (-ἰσχνεομαι ἰσχναίνω d. i. ἰσχ(α)νανι-ω, obwohl zunächst zu ἰσχνός gehörig), führt. Aber neben δεικανάω haben wir δεικνύναι man vergl. ferner ἐρυ(σ) κανα(ν)ω (ῥύσκευ) mit slav. Formen с(к)нѫти лоүс(к)нѫти. Anm. 4.

Dem *ἰσχανάω* entspricht aber, abgesehen von der Reduplication, сагихти. Zu berücksichtigen ist der Wechsel *dabhno dabháyá ṛdhnomi ṛdháya vas* (Fεσνυ) *vasáyá tṛpno tṛpáyá açno açáyá*.

§. 12. Das Element *nan*, der Wechsel der fünften und neunten Sanskṛtconjugationsclasse ist somit nachgewiesen. Aber noch ungleich wichtiger als das bisher Bemerkte sind Reihen von Formen, die entstehen in Folge des Ausfalls von *n* und der Verkürzung von *áy* zu *y* (Übergang zur vierten Classe des Sanskrt; Passivform). Ganz besonders energisch tritt die Formenvariation im Slavischen auf, und influiert den grössten Theil der Verbalbildung. Es geht die Form *áya*, wie es scheint, in die Form *ya* (4. Cl.) über: *puśáyá puśya muśáyá muśya nabhná dabháya (nu) nabhya pluśáya pluśya ṛdháya (nu) ṛdhya*, ohne dass die Stufe *áya* belegt wäre: *kśubhná kśubhya tubhná tubhya (ktubh) iśṇá iśya kliçná kṛçya* δαμνη *damya* κρήμνα-μαι *çrámya mṛṇáti*, alth. *mairyéiti*, vgl. *kṛpaṇáyate kṛpanyate, manve manáyati manyate gṛbháyá gṛbhaya geurwaya geurwya*. Es lässt sich streng genommen nicht beweisen, dass, und welche *ya*-Formen aus *áya* verkürzt, welche wurzelhaftes *i* hatten (wovon später mehr), nicht widerlegen, dass das *ya* ein Rest von *nya* ist (welch' letztere Möglichkeit namentlich, wo Wurzeln vocalisch schliessen, nicht ganz ausser Acht zu lassen ist), gleichwohl aber wird das Slavische entschieden uns für Annahme des erstern geneigt machen. Im Slověnischen finden sich Parallelbildungen neben denen auf нꙗ der verschiedensten Art, die wir folgendermassen classificieren:

1. нѫти-ати аѭ.

Obrŏsnŏti obrŏsati — brĕknŏti brĕcati — drŏznŏti drŏzati — vŏzvrŏgnŏti vŏzvrŏgati vŏzvrŏzati — iśteznŏti iśtezati iśtazati — vŏgrŏiznŏti vŏgrŏizati — doynŏti dŏimati — padnŏti padati — prĕgnŏti prĕgati prĕzati — vŏskrŏsnŏti vŏskrŏsati — vŏstrŏgnŏti vŏstrŏgati vŏstrŏzati vŏstrŏzovati — machnŏti machati — zachlŏnŏti zachlipati — prikolesnŏti prikolĕsati — potlŏknŏti potlŏcati istlŏkovati — venŏti vĕdati (neuvĕždę) — prosĕdnŏti prosĕdati — pŏknŏti pŏkati — raskŏinŏti raskŏidati — prŏisnŏti prŏichanije — tresnŏti sŏtresati sŏtresovati — sĕknŏti sĕkati sě

cati (böhm. *seči*) — *trěsnąti trěskati* — *oykradnąti oykradati* —
oylðisnąti oylðiskati — *oysmichnąti oysmichati* — *oytrðnąti oytrð-*
pati oytrðpěti ěią — *chvanąti chvatati* = *chðinąti chðitati* —
ręgnąti rągati — *zvęknąti zvęcati* — *isęknąti isękati isęcati* —
kopðisnąti kopðisati — *kręnąti krętati* — *kðchnąti keychám* —
kðchavicu — *mrðknąti mrðkati mrðcati* — *kðinąti kðivati* — *mek-*
nąti makati — *načrðtnąti načrðtati načrðtovati* — *oglðchnąti*
oglðchati oglðšati — *ogrenąti ogrěbati* — *otðkąsnąti otðkąsati* —
poglðnąti poglðtati — *rðiknąti rðikati* — *posagnąti posagati* —
pronъznąti pronъzati — *sðdrðznąti sðdrðgati sðdrðzati.* Es ist
klar, dass *vðzvrðgnąti* zu *vðzvrðgaią* genau verhält, wie *mathná*
(mathnan) zu *matháyá*, da slav. *a = á*. Das Partic. Praet. Pss.
ist nicht aus ᴧιєнᴈ zusammengezogen, ebenso wenig als *želěnð* aus
želěienð. Diese Ansicht wird bewiesen durch gothische Formen,
wie: *andbundnan dishnupnan diskritnan fralusnan gaskaidnan*
gaþaursnan gataurnan galuknan usgutnan usbruknan ufarhafnan
tundnan, deren *n* man wohl in Verbindung setzen muss mit dem
-án-a des Med. Pss. Partic. *bundan* etc. Wo eine Weiterverkürzung
aus *ájan* unmöglich angenommen werden kann. Alles das beweist,
dass wir richtig abtheilen *án-a*. Auch dieses Particip geht also auf
eine Form *án áni* zurück, und so überall. Wirklich kommt im Rg. V.
stavá'n vor, von *Sáyana* unzweifelhaft richtig mit *stúyamána* erklärt.
Rg. V. 4, 6, 18, 8.

2. нᴚти-ᵗ̑ти ᵗ̑ιᴚ.

Ocěpnąti ocěpěti ocěpěněti- oslъpnąti oslěpnąti oslěpěti- minąti
mijeti (böhm.) *vládnouti* (böhm.) *obladati vladěti* — *mladnouti*
(böhm.) *mladěti, mladěn-ec Mladěj-ov* (böhm.). Schwierig ist die
Beantwortung der Frage, ob *ě* gleich *iá* oder gleich *ái* ist. Gleichwohl dürfte die Präsensform ᵗ̑ιᴚ ᵗ̑ιєшн zur Annahme des ersten
geneigt machen. Vgl. auch *cěpěn-* mit *scipión* σκῑπων. Es wird
übrigens diese Frage noch einmal an uns herantreten.

3. нᴚти-ᴧти ιᴚ ιєшн.

Laknąti lakati- okrěpnąti okrěpati böhm. *křepeněti (= kře-*
pěněti?) — *plesnąti pleskati* — *kopnąti kopati (kopotati kopo-*
štą kopošteši) — *čichnąti čichati* — *pachati páchnouti* (böhm.).

zinąti zijati (vgl. sanskr. *jṛnáti jrayati*) *zěją zijąją* — *rinąti rějati rěją* — *staną stati stajati stają staješi* — *linąti lijati lěją sinąti sijati sijąią* — *kašьlъnąti kašli kašlám* (böhm.).

Hier haben wir gegenüber нꙖти zwei Formen *á* und *ya*; bei dem häufigen Wechsel zwischen diesen Formen ist die Annahme, dass die zweite Form eine Zusammenziehung der vollen *áya*-Form ist, unvermeidlich, man vergleiche *glagolati glagolią glagolieši plapolati plapolaią*, denn in den Nicht-Präsens-(Infinitiv-)Formen haben wir das *á* auf *án*, *án* auf *áni* zurückzuführen.

4. нꙖти-ѣти ꙗ ншн.

Visnąti viséti — *grẹznąti grẹzéti* — *zasъnąti zasъpati zasъplją piši* — *prosmrъdnąti prosmrъděti* — *potъsnąti potъštati* — *stanąti stojati* — *trъpnąti trъpéti*. Für diese Formen scheint die Annahme eines Entstehens von ѣ aus *ia* nicht auszureichen, das н *(visiši)* ist wohl Zusammenziehung aus *idia* in *ija iji i*, eine Annahme die durch die vierte (sl.) Conjugation und durch die sonst vorkommende Zusammenziehung von *ija* in *ii* (ии) unterstützt wird. Vgl. *hṛnáy* und *hṛníy*.

Es ist klar, dass hierdurch auch die Verba, die нꙖти nicht aufweisen (würde man das Gesammtgebiet des Slavischen berücksichtigen, so würde die Zahl derselben sehr vermindert) mit dem Wechsel ihres Stammes erklärt werden, so *velěti* zu Sanskrit *vṛnáti* und altn. *vilja* u. *vilnask*. Die Präsensformen gehen auf die Form *áyá*, die Infinitiv-Formen auf die consonantische *áni án*-Form zurück.

5. нꙖти-ати аꙗ-ати ꙗ ѥшн.

Zębnąti zębati blią blieši prozębati baią baieši bovati — *pozъibnąti pozъibati pozъibovati* — *kanąti kapati* — *istisnąti istiskati* — *kъisnąti raskъiséti eią vъskъišati (kysati ši)* — *polęknąti polęcati (poloyčaj)* — *rъignąti otrъigati* — *oplaknąti plakati plakovati* — *otъčesnąti očesati* — *reknąti otъricati* — *skoknąti skakati skacati čą češi* — *oyglъnąti oyglъbati (oygląbnąti)* — *tъknąti tъkati tъikati oytъikaią* — *gasnąti gasati* — *dostignąti dostizati postigaią* — *gъnąti gъibnąti gъibati* — *sęgnąti prisęzati sęgati aią* — *vъzdvrignąti dvizati dvigati aią podvižati žaią* — *dъchnąti dъichati pъchnąti pъchati* — *chapnąti chapati chapovati* —

*žasnǫti žasati — strъknati strěkati strěcati caiǫ — soynǫti sъipati
— zasъchnǫti zasъichati — bliunǫti bliuvati bliuvaiǫ — vъiknǫti
obъicati čǫ češi obъičaj sъvъičaj — vъzmetnǫti vъzmetati — řez-
nouti* (böhm.) *zarězati zovati.*

6. НѪТИ-ѦТИ ѦѬ-ѢТИ ІѬ НШИ,-ѦТИ ІѬ ІЄШН.

*Bręk'nǫti bręcati caiǫ -čǫ-češi bręčati čǫ čiši — oymlъk-
nǫti oymlъcati caiǫ oymlъčati — vъzniknǫti vъznicati caiǫ čǫ
češi ničati čǫ čiši — mrъznǫti mrъzati aiǫ žǫ žeši mrъzěti zovati — drъznǫti drъžati drъzati zaiǫ — mъknǫti pomъikati aia
prěmъičǫ češi pomъicati čǫ češi mъčati čǫ čiši — kliknǫti klicati
aiǫ čǫ češi vъskričati čǫ čiši klikovati klicovati — vъslъpnǫti (?)
vъslъpati aiǫ vъslěpati pliǫ plieši vъslъpěti pliǫ piši — tęgnǫti
tęzati aiǫ žǫ žeši istęgati aiǫ otъtęzati žǫ žiši tęzovati sъtęgliti —
hlednouti* (böhm.) *ględati aiǫ ględěti ždǫ diši — postъinǫti oystъi-
dati aiǫ ždǫ ždeši stъiděti ždǫ diši — oyvęznǫti oyvęzati zaiǫ žǫ
žeši oyvęzati aiǫ* (intr.) *oyvęzěti žǫ žiši—pogręznǫti pogręzati aiǫ
žǫ žeši pogręzěti žǫ žiši — poklęknǫti klękati klęcati aiǫ klęčati
čǫ čiši — blъsnǫti bliskati bliscati blistati aiǫ blъštati štǫ štiši
blъstěti štąštiši bléskovati—běgnǫti běgati bězati aiǫ běžati žǫ žiši.*

7. НѪТИ-ѢТИ ІѬ НШИ-ѦТИ ѦѬ.

*Lъpnǫti lъpěti prilipati — isplъznǫti isplъzěti plъzati —
bъnǫti bъděti vъzbъidati (Budějovice,* vgl. *Mladějov Ludějovice) —
vъzvrъnǫti vrъtěti podъvrъtati — vъzdrъgnǫti drъžati vъzdrъ-
gati (?) — vъzlegnǫti ležati vъzlěgati vъzlagati zalažaj zalagaj
— mъgnǫti mъžati pomъžati aiǫ sъměžati ą iši — svъnǫti svъtěti
svitati — poslъichnǫti posloyšati poslъišati šǫ šiši šaiǫ slýchám*
(böhm.) — *drognoytъ* (russ.) *drъžati drъgati drъgъtati* (serb.
zadrhtati).

Ähnlich ist im Latein *ster-no strá-vi* offenbar aus *strán' sperno,
sprē-vi cerno crē-vi.* Zu *strá(n)* zählt slav. стрднь lat. *strēnuus;*
so ist врдти вориѬ statt врдн(ь)-ти, wovon врднь; ferner *indago
indagin indágāre* (wohl eigentlich hineintreiben die Jagdhunde ins
Dickicht) *formīdo formidin formidare;* wie goth. *maurnan* zu *full-
nan* verhält sich *sternere* und *consternāre, a-spernāri* zu *spernere*
ohne nominale Mittelform, so altsl. ТѪТЬНѪТИ zu ТѪТЬНѦТИ
ТѪТЬІІѢТИ. Аnm. 5.

Hieher gehören endlich auch die höchst interessanten im Vorbeigehen bereits erwähnten Nominalformen auf ли, meist ти *áya* *(yáya)* (vgl. Prof. Miklosich, Die Bildung der Nomina im Altslovenischen p. 27 Suff. ки.) Diese Form mag den Schluss unserer Argumentation machen. Sie ist aus *ánya* entstanden, und steht der Sanskrtconjugationsform *áyá* ganz gleich.

Es sind hier nun allerdings manche auf die Lautlehre bezügliche Fragen zu lösen, z. B. das Verhältniss von Formen wie *stžidati stžizdą stžizdeši* zu *stžidéti stžizdą stžidiši* genauer zu bestimmen. *Stžizdą* ist im einen Falle *yámi* d. i. einfaches *y* das aus kurzem *i* entstanden, im andern Zusammenziehung aus *yáya:* denn der Übergang von *anya zu íya* steht fest, dieses aber verkürzt seiner Natur nach sich zu *iya ya, vṛśanyati vṛśíyati.* man vergleiche die Verkürzung *je* im Comparativ.

§. 13. Zu berücksichtigen ist noch das Sanskrit Pass. *yá.* Es unterscheidet von dem *ya* der vierten Classe sich durch den Accent; letzteres ist unaccentuiert, ersteres betont, stimmt also insoweit mit der Form *áyá;* auch kann ich nicht umhin, Nachdruck darauf zu legen, dass im Pråkrt das *y* des Passiv aufgelöst, d. i. vocalisch als langes *i* erscheint. Berücksichtigt man die passive Bedeutung einer sehr grossen Zahl von Zeitwörtern der Gruppe der III. Conjugationsclasse im Slav. (slověn. кти ки), so wird man einen Zusammenhang hier schwerlich in Abrede stellen. Für die Pss. Aor. des Griechischen erhellt als ursprüngliche Form aus Homer εıε: Conjunctiv μιγείω μιγείης μιγείη; μιάνθην 3. pl. aus μιανθεεν; aus Formen wie δαμήη σαπήη (φανήτι u. dgl. kommt auch vor), kann man keinen Nutzen ziehen, weil das η sein Entstehen möglicher Weise der Assimilation verdankt; aber gleichwohl muss man εıε als Verkürzung von altem ηıε *áya* ansehen. Man sieht also, wie die Sprachen (Goth., Sskrt., Zend, Slav., Griech.), in der Verwendung der differenzierten Formen für das Passiv abweichen.

§. 14. Wir kehren nun am Faden der gefundenen Resultate zu dem Punkte zurück, von dem wir ausgegangen sind, dass nämlich die consonantischen Stämme ursprünglich vocalisch, und zwar zunächst auf *i* schlossen. Wenn nun dargethan ist, dass das *i* (resp. *y*) in *áya* u. s. w. eben dieser Schlussvocal ist, also kein zur verba-

len Weiterbildung gehöriges Element ist, so müssen wir consequent
dasselbe von der Verbal-Bildung *ya* im allgemeinen anerkennen.
Wenn wir also bei Homer finden ’ακείομαι τελείω νεικείειν μαχειόμε-
νος πενθείετον οἰνοβαρείων und ergänzen in bekannter Weise ἀκεσιο
etc., so werden wir trennen: ἀκεσι-ο τελεσι-ω νεικεσι-ειν οἰνοβαρεσι-ων
μαχεσι-ο πενθεσι-ε ἀγα(σ)ι-ο κερα-(σ)ι-ω ἀηθέσσω ἀηθεσ ι-ον αϝοσ-
σητήρ ἀϝοσι-ητ-ήρ γεραίρω κεραίρω zu γερασι-ω (γεραίτερος) κερα
(σ)ι-ω- ἐχθαίρω ἐχθαρι-ω ἐλεαρι-ω.

Ebenso bei den Verbis auf αίνω κραδανι-ω κερδανι-ω ὑφανι-ω
θαμβανι-ω περανι-ω ἐρυθανι-ω; hier fiel *n* mehrfach aus, ehe die
Umstellung des ι eingetreten war: so κραδάω ὑφάω χαλάω οἰδέεται.
Mehrfach ist *i* hinter *n* abgefallen, ληθάνω λῆθος κευθάνω κεῦθος,
zuweilen beide Formen erhalten κλαγγάνω κλαγγαίνω ἀλφάνω
ἀλφαίνω κυδάνω κυδαίνω (in der Bedeutung differenziert) οἰδάνω
οἰδαίνω ὀλισθάνω ὀλισθαίνω ἀζάνω ἀζαίνω (ἀζαλέος); in den Nicht-
Praesenszeiten tritt für αν häufig η ein, κεκέρθηκα τεθάμβηκα
ἐριθήσασθαι ἐρυθήσω etc. Hieher gehören die sämmtlichen griechischen Bildungen auf άνω. Sie waren ursprünglich sicherlich alle
lang; mit Länge nur noch ἱχᾶνω und (im Verschwinden) φθᾶνω;
hieher die ganz analogen Bildungen im Armenischen auf *anĕl: bĕ-*
kanĕl, aor. ĕbĕk, louzanĕl, 1. Aor. *louzi* die Passiven *anal barkanam*
barkazháj zajranam zajrazhaj; hieher die persischen Causalia
auf *ánîden.* Hier will ich auch der alten, ganz richtigen Vermuthung
von Prof. B o p p erwähnen, der aus Ssk. Imper. *ûná* auf eine alte
Conjugation schloss, wovon dies der dem Ssk. einzig gebliebene Rest.

Ebenso zu beurtheilen haben wir die Sanskrt-Bildungen *asya*
anya, âya: irasyati, urasy-ati, urušy-ati (vgl. ὀπυίω für ὀπυσι-ω)
vanušy-ati tarušy-ati ušasy-ati canasy-ati tapasy-ati tirasyati
daçasy-ati duvasy-ati dravasy-ati namasy-ati panasy-ati mak-
hasy-ati pampasy-ati tantasy-ati payasy-ati rathary-ati (ῥέθος
ῥόθος) *lavanasy-ati sapary-ati sambhúyasy-ati;* ob aus *asya âya*
werden kann, steht nicht fest. Wahrscheinlicher ist, dass Bildungen
wie *un-(dur-)manâyate, ojâyate, rahâyate, varcâyate* auf Nebenformen auf *an* zurückgehen, wie neben *vṛšasyati, vṛšanyati,*
vṛšâyate, (vṛšíyati). Bemerkenswerth *bhṛçâyate,* das während
bhṛça im Ssk. einen *a*-Stamm zeigt, auf lat. *frequent* hinweist, wie
vehâyate auf *vehant*. Verbalbildungen auf *anya: udany-ati ca-*
rany-ati curany-ati turany-ati turany-ati pṛtany-ati brahmany-

ati bhurany-ati rišany-ati çrathayati (vgl. *çrathana*). Das *y* der
10. Ssk.-Conjug.-Cl. *(aya)* ist natürlich ebenso zu fassen; griech.
noch bei Homer ἀχνείω. Der Classe *aya* entspricht im Slavischen
nicht die 1. Gruppe der V. Classe ⲀⲦⲎ ⲀⲒⲰⲔ, (griech.
ἀω), diese ist
vielmehr etymologisch gleich zu stellen mit Ssk. *âya*; sondern blos
die IV. Classe *iti* ⲎⲦⲎ got. *jan gasvinþjan*. Anm. 6.

§. 15. Einer der wichtigsten Entwicklungspunkte der oben be-
sprochenen *n*-Formen ist ihre Weiterbildung durch *ti*. Dieses *ti*
findet sich im Latein *legenti-um fluentia*, im Slavischen (mit Ausnah-
men) und im Litauischen werden *ia*-Stämme daraus. Diese Bildungen
stehen also zu dem ursprünglichen in demselben Verhältniss wie ἑκού-
σιος zu ἑκόντ ἕκητι Vgl. ἐθελοντί.

Die herrschende Ansicht ist, dass *ant* die vollständige, *an at* die
verstümmelte Gestalt des Suffixes ist. Obwohl wir nun der Ansicht sind,
dass unsere gegentheilige Ansicht evident richtig ist, so wollen wir
doch ein paar Hauptgründe dafür anführen, und überlassen das Übrige
der Darstellung im ganzen. Es ist von vorn herein unwahrscheinlich,
dass ein ursprüngliches Element aus zwei nachgewiesener Massen so
nahe verwandten Lauten soll bestanden haben. Da jedes einzelne Element für sich als Bestandtheil eines Suffixes nachgewiesen ist, so
dürfte der einzige methodische Weg der sein, die Combinationen
als jünger anzusehen. Auch der Umstand, dass im Slavischen und
Litauischen die *an*-Stämme ihr *i* noch haben, dürfte gegen das Ab-
fallen eines *t* sprechen. Wir setzen als κῦδος (alt κυδατ) κυδαν-
κυδαντι (ὑπερ) als Stufenfolge der Bildungen und Umbildungen an.
Mit ὑπερκυδαντ vergleicht sich gut lat. *cruent-us* in Bezug auf ihr
beiderseitiges Verhältniss zu κῦδος und *cruor* (κρεϝατ), und *caron*
carn für *carvon*. Es ist aber dieses *t* mit dem jüngern sog. Nomina-
tiv-*s* vollständig identisch, nur erstarrt.

Oben ward *bhṛça* und *frequent* erwähnt. Die verbale Form
bhṛçâyate führt auf *bhṛçânyate*, der gegenüber *frequent* um ein *t*
vermehrt ist (eigentlich *ti*).

Das junge (relativ junge) Alter dieser Bildungen legt auch der
Umstand nahe, dass sie im Slav. zur Bildung von Deminutiven verwendet werden. Bei den Stämmen auf ⲀⲦ zeigt sich keine deutliche
i-Form mit Ausnahme des Ⲏ im Nom. Acc. Du. übereinstimmend mit
ssk. *î*. Auch Nom. S. Msc. des Prtc. Praes. zeigt kein *i*. (ⲬⲒ Ⲁ), so

préslovði préslovątð tekutý mrzutý běhutý dvihutý visutý (böhm.)
subst. *źrout mžutka kohout, kadout, blahout, svętð,* etc. Einfache
ti-Bildungen ᴍᴏᴦᴋᴛᴋ *mogątb* böhm. *perut* fem. neusl. *perôt*
(perątb). Zweifelhaft böhm. *slovútný* etc.; vgl. Nom. Pl. ᴛᴇᴧʜɪᴇ von
-ᴛᴇᴧᴋ indog. *tar.* Neben den Bildungen auf ᴀᴛ kennt Altböhm.
solche auf *enec: tele(-t) telenec,* Neubulg. *ence telence* wie *imence*
von *ime* (ʜᴍᴧ).

Die Hauptmasse der Bildungen bildete die Participien, wiewohl
natürlich angenommen werden muss, dass die participiale Function
schon den einfachern Bildungen innewohnte.

§. 16. Als Nomina treten auf ἄκοντ ἄκανο γέροντ δράκοντ
κνῶδοντ τένοντ ὀδόντ μέδοντ mit μεδέοντ-ες κελέοντες. In ἑκόντ
haben wir die participiale Bedeutung 'wünschend' δράκοντ 'der fas-
sende', ältere Bildung δρακαν in δράκαινα, während δρακοντ δρά-
κουσα erwarten liesse; κνῶδοντ und κνώδαλ-ον beissend; τένοντ der
spannende, ὀδόντ der 'beissende'; wir wissen, dass bei der Bezeichnung eines Dinges Anlass von einer Eigenschaft genommen wurde, mit
dieser auch alles andere zusammenzufassen, wovon die eine Eigenschaft nur ein Theil ist. Darin, dass dieser Schritt nicht geschehen
ist, liegt die Ähnlichkeit zwischen Particip und Adjectiv. Hieher gehören ά-καμαντ ἀδαμα ντ (vgl. ἀκμητ ἀδμητ) Ἀκράγαντ (Fluss-
name) neben κλαγγάνω ἀκραγγές ταλαν ἀτλαντ; Eigennamen
überhaupt, wie es in der Natur der Sache liegt, in der ältern Voca-
lisation Ἄραντ Αἴαντ Κάλχαντ Βρύαντ Ἀφείδαντ Θόαντ Φύλαντ
Φόρβαντ Πάλλαντ Πρίαντ Ἀπέσαντ Ἀρκέσαντ Γλίσαντ, vgl. auch
κροκύφαντος (für κροκρυφ-) mit κεκρυφαλ-ο wie κνῶδοντ mit
κνώδαλ-ον. Erwähnt werden müssen noch die wenigen aspirierten
Formen ἄκοντ ἄκανϑα φάλαντος φάλανϑος neben φαλα-κρός. Slověn.
besonders interessant *kopðito* statt *kopęt-o*, vgl. *vðskopðisnąti* statt
vðs-kopðit-nąti eigentlich den Huf (den schlagenden) empor(heben);
tðkðisnąti, welches Prof. Miklosich (Formenlehre der altsl. Spr.
pg. 91), ohne Belegstelle anführt, würden wir demnach auf *tðkęt-*
zurückfüren; in dem Lexicon jedoch desselben Gelehrten konnten
wir das Wort nicht finden, was die Vermuthung nahe legt, dass für
die Form ein Beleg fehlt; *korbito.*

§. 17. Wir kommen nun, nachdem wir den Entwicklungsgang
so weiter verfolgt haben, (Bildungen *rt* δαμαρτ *ρν* σκεπαρν-ον sind

selten und bieten nichts, was nach dem Bisherigen nicht verstanden werden könnte) zu der letzten formellen Ausnützung der bisher behandelten Formenreihe. Es sind dies die sogenannten vocalischen *a*-Stämme auf ο ω ᾱ η. Die Zurückführung des Complexes von diesen Formen auf einen Stamm, der mit *a* schliesst, hat doppeltes Bedenken gegen sich. Erstens, dass der einfache Vocal einen Stamm soll bilden können, zweitens dass diese Zurückführung selbst nur durch eine Reihe selbst auf dem sprachwissenschaftlichen Gebiete unerhörter, noch dazu nicht einmal versuchsweise erklärter Willkürlichkeiten erreicht worden ist. Irren wir nicht, so ist Leo Meyer der erste, der in seinem mehrfach angeführten Werke, in dieser Richtung gegründete und erhebliche Einwürfe vorgebracht hat.

Vor allem andern sprechen wir aus, dass schon der äussere Anblick der betreffenden Formen den Gedanken an e i n e n Stamm nicht darf aufkommen lassen. Am klarsten nun und unwiderleglichsten springt der Zusammenhang mit den *an*-Stämmen ins Auge. Scheint doch das Deutsche zu einer durchgreifenden Trennung beider Formen es nicht gebracht zu haben. Dies zeigt in schlagender Weise das Adjectiv. Das gothische Feminin auf *ô (=â)* und *ôn* erinnert an das ähnliche Doppelverhältniss im Griechischen (-η und ώ ωνι). Wenn das Gothische bei ersterm im Gen. Pl. *ô* zeigt gegenüber Althochd. *ônô*, so ist dies wol nur Zusammenziehung nach Ausfall des *n*, was zwar im Veda nicht vorzukommen scheint *(caráthâm* für *carathânâm* msc.)*, wohl aber im Altbaktrischen vorkommt: *nairitrâm*. Wir bemerken hier gleich, was für alles Folgende muss im Auge behalten werden, dass im Gothischen nun zwar die Trennung weiter gegangen erscheint, diese Differenzirung *(ô ônô)* jedoch nur scheinbar und äusserlich ist.

Dass im Ssk. *a* bei den *an*-Stämmen in den schwachen Casibus ausfällt, kann kein genügender Einwand sein; denn es ist dies eine dem Ssk. in dieser Strenge (die jedoch in letzter Instanz auch nur von dem Umstand abhängt, ob vor dem *a* ein oder mehrere Consonanten stehen; was ihr an Bedeutung sehr viel benimmt) ausschliesslich eigene Erscheinung, das Altbaktr. kann *a* immer behalten; das Gothische wirft es in einigen wenigen Fällen aus, in dem Dat. wirft es meist *n* ab: *hanam* für *hanan-m*. Aber das Ssk. kennt echte *an*-Stämme, die im Genitiv *ânâm* haben: die Zahlwörter auf *an; daçânâm* (Altbaktr. stets nur *anâm*) und doch wieder *saṇṇâm=śaś-*

ṇā́m nach der gewöhnlichen Weise der *an*-Stämme. *śaśṇā́m* führt auf *śaśan* ἑξα-(ετής) zurück. Bei Aeolisch δέκων stimmt der Accent nicht ganz. Vedisch findet sich *kanyā́nā́m* neben *kanyā́nā́m*. Hiefür beweisend sind weiter die Femininformen *Indrā́nī Varuṇā́nī* etc. *ī* ist hier, wie so oft, aus *iā́* entstanden, dessen *i*-Stamm Auslaut war: *Indrā́ṇi-ā́*; so griech. ϑέαινα ϑεανι-α λύκαινα τράγαινα von ϑεός λύκος τράγος ὕαινα und ὑᾱνία δράκαινα ϑέαινα von δράκον-τ λέον-τ *(leōn)* wie Λάκαινα Λάκων Τρύφαινα τρύφων etc., lateinisch: *incubōn concubīna regīna*, Lit. *ēne, wilkĕne, lokĕne, żwejĕne*.

Nicht minder unzweifelhaft ist es, dass die Pluralendung, Gen. Neutr. *ā́ni* der *a*- und *an*-Stämme völlig eine und dieselbe ist.

Die Endung des Acc. Pl. Msc. *ā́ns* (Ssk. und entsprechend umgewandelt im Altbaktr.) *ans* goth. ονς griech. ᴀ ᶎi slověnisch weist entweder auf *ānas* oder vielleicht auf *ānsi*, welches an und für sich und nach dem Altbaktr. das wahrscheinlichere ist. Viel dunkler ist ᴀ ᶎi im Gen. Sing. und Acc. Plur. der Feminina. Letzteren kann man nun wohl nicht anders als die entsprechende masculine Form deuten, wozu einiger Massen lit. *ās* stimmt; die Genitivform aber kann ihre Nasalis kaum ausschliesslich dem Stamm *an* verdanken. Dies macht der Gen. von *ta tojệ* unwahrscheinlich. *tojệ* steht für *tasyā́n, tā́n* wird vereinzelt ᴛᴀ. Vgl. ᴨᴀᴄᴀ ᴊᴋᴎᴠᴀ ᴊᴋьᴎᴙ ᴦᴘᴀ-дᴀ und ᴦᴘᴀдᶎi. Steht also nicht vielleicht доᴦшᴀ für д오ᴦшᴀᴎᴙ?

Schlagend ist das Resultat für unsere Art der Betrachtung, das die Untersuchung der Instrum.-Sing.-Form des Ssk. *ếna* liefert. Bekanntlich fehlt auffallender Weise im Altbaktr. diese Casusform gänzlich, dafür finden sich dort Adjectiva auf -*aếna* (Nom. *aếnis*), Stoff-Adjectiva *zaranaếna* golden, *erezataếna* silbern, *drvaếna* hölzern, *qaếna (sva)* eigen, -*aếnya: zemaếnya* irden. Ssk. Instrum. *ếna* ist also gewissermassen eine adverbielle Form von einem Adjectiv. Doch hat diese Form wenigstens nicht in allen éranischen Sprachen als Casus gefehlt. Die armen. Abl. auf -*ế* (ɛ) sind urspr. Instrumentale; die Pron. Pers. zeigen *ến* ɛʰ *hinến,ʃʰʰɛʰ, khếzến,ᵖʰʰɛʰ*, Plur. ᴊᵘᴎᵤɛʰ ᴌᴋᴣᵤɛʰ, ᴌᶠɛʰ 'allein' (ᴊʰ) *ến* findet sich in Adverbien mit Instrumentalbedeutung *hajếrến* ᶄᵘᵧᴋᴘᴋʰ, 'auf Armenisch' -*phocharến* ᶂᵘᵦᵤᴘᴋʰ 'anstatt' d. i. durch Vertretung — *aiźmến (*v. *żam zeit)* 'nunmehr', *aisren* 'hieher τῆδε', *andến* 'alsogleich', *astến* 'hier, von hier' (Ssk. *asta* Wohnung). Neutra auf -*as* bilden im Altbaktr. *aṅhaếna: ayaṅhaếna* (von *ayō*, Ssk. *ayas)*; diese Formen zeigen im Arm. die Gestalt *éghên* (*Էղէն*) *lôs luséghên* (*լոս լուսէղէն*) altbaktr. *raocańh* Nom. *raocó*. Diese Formen sind sehr zahlreich im Armen.; Altbactr. kennt nur noch *temańhaéna* von *temańh*. Anm. 7. Eine Betrachtung der mit *bhi* und *su* gebildeten Casus des Plurals liefert höchst interessante Resultate. Bekanntlich zeigt Ssk. *é-bhis ébhyas ésu*; Slověn. im Loc. *échż* (ѢХЪ), in den andern Casibus aber *omž omь oma* ОМЪ ОМЬ ОМА (*ábhyâm*), litauisch im Loc. Plur. *ûse*(alte Orthographie *unse*). Wenn Schleicher *û*=*av* setzt, um eine der Analogie entbehrende Übereinstimmung mit dem Slavischen zu erlangen, so ist dies unrichtig. Sehr häufig ist *û* nasalen Ursprunges, ob unmittelbar aus *un* oder mittelbar aus *au*, das gleichfalls oft nasalen Ursprunges ist, lässt sich nicht immer fest stellen. So viel aber ist klar, dass der Unterschied *a* und *ai* (Ssk. *é*, altbktr. *aé*) sich nur aus dem Ausfalle eines Consonanten erklären lässt. Zunächst weist nun das Litauische auf *an* hin.

§. 18. Hier sind von grossem Interesse die slověnischen Formen auf ІАНИИЪ ІАНЪ; erstere ist schwerlich was anderes als eine Verdopplung des Suffix, dessen ІА an zweiter Stelle zu И geschwächt erscheint. Wenn von ДРЕВЛІАНИНЪ ДОΥБРОВЬЧАНИНЪ ПОЛІАНИНЪ *doybrovьčamž drevliami poliami* statt -*anemž* -*anži* gebildet wird, wenn *poliamž poliachž drévliachž*, so ist dies unzweifelhaft mit Prof. Miklosich (Formenlehre der altslověnischen Sprache p. 174) mit den altčechischen Localformen *ás* von *Lubčás* für *Lubčanech* zusammenzustellen. Unmittelbar aber mit Bildungen wie *bratija* würden wir sie nicht zusammenstellen. Es sind consonantische *an*-Bildungen, oder richtiger Bildungen auf langes *án* (so haben wir oben *imamь imaši* gleichgesetzt einem *iman-mь imansi*), bei denen wie im Sanskrt *n* ausgefallen ist: *polian-mž polian-chž*. Der Unterschied zwischen den *a*- und *an*-Formen für die eben behandelten Casus besteht also darin, dass von der Form *ani* (wahrscheinlich lautete sie neben *ani* auch noch *áni*) die ersten das *n*, die zweiten *i* (und *n*) abwarfen. also *áibhyas anbhyas abhyas*. (Der Beweis, dass der Stamm in diesen Formen *áni* war, soll später vollständig geführt werden, es steht dies mit hochwichtigen Facten im engsten Zusammenhange). Doch gilt diese Regel nur für Sanskrt, grösstentheils für Altbaktrisch (welches auch *aibyaç* hat bei *an*). Das Slavische folgt ihr nur im Local Plur. der *a*-Stämme. Der Dativ Plur., Dat.

3*

Instr. Du., Instr. Sing. werden behandelt, wie im Sanskrt die *an*-Stämme. Bei den *an*-Stämmen erscheint im Slavischen die Form *ане (ene)*, die sicherlich für *enь (aнь)* steht, welches auch vorkömmt (ены́нн ены́лꙗ), durch das Litauische bestätigt wird, und dessen *ь* natürlich jenes alte *i* ist, welches wir als Ausgang des Suffixes bereits nachgewiesen haben. Anm. 8.

Wir haben oben *dušę* versuchsweise auf *dušęię* zurückgeführt, vielleicht zur Verwunderung des Lesers, der nach тоѧ *(toję)* eher *dušeię* wird erwartet haben, allein wir halten es gar nicht für ausgemacht, dass *toję* auf *tasyás* zurückgeht. Wir halten es für durchaus nicht unmöglich, dass vielmehr *tanja* die ursprüngliche Form sei, wenn wir zunächst an böhmisch *ten* denken, das schwerlich jung sein kann, da auch Litauisch in *tûmì* (vgl. Acc. Pl. *tûs*; auch hier *û* = *av?*) und *jûmì* (Acc. Pl. *jûs*), übereinstimmend mit böhm. *jen-ž* die nasale Form zeigt, und slověn. кѫдѫ тѫдѫ сѫдѫ ꙗꙫдѫ вьсѫдоу о-боꙗꙫдоу, ganz besonders aber lat. *in-de un-de ali-cunde* Ved. *sana* im Gegensatze zu *apara;* aber auch Griech. πηνί-κα τηνι-κα ἡνίκα πηλι-κος τηλι-κος ἡλι-κ-ος sind dafür beweisend (lat. *quális tális*,) Neutr. Pl. *quae* = *quáni*. Andererseits bemerke man, wie die Formen *těmь těma těmъ těmi* von den analogen Casibus der nominalen *a*-Stämme und zwar in Übereinstimmung mit dem Sanskrit, abweichen. Hiezu stimmt auch lit. *těms těmus*. Eine noch übrige Möglichkeit wollen wir nicht verschweigen, der Femininstamm *ę* ward vielleicht consonantisch (man verzeihe den Ausdruck) flectirt, so dass das Suffix abfiel. Bedenkt man, dass der Nom. Plural auf diese Art gleichfalls erklärt ist, so wird man vielleicht zugeben, dass diese Möglichkeit einer Erwägung ganz werth ist.

§. 19. Nun wird wohl schwerlich jemandem der Zusammenhang entgehen, in welchem diese Erörterung mit dem steht, was über die Nebenformen zur neunten Conjugation des Sanskrt und der zweiten des Slověnischen gesagt worden ist. Unverkennbar nämlich ist der Zusammenhang der Verbalbildung *âya* (lat. *âre*, griech. αν, slav. ѧтн got. *ôn)* mit den femininen Nominalbildungen auf *â*. Wiewohl dieser Zusammenhang vielfach verdunkelt ist, so reicht er doch hin, auch von dieser Seite aus das ursprüngliche Vorkommen eines *n* bei den betreffenden Bildungen nachzuweisen.

Wenn neben Zeitwörtern auf αίνω, welche sich entweder an einen selbständig vorkommenden -αn oder doch wenigstens an einen consonantischen (z. B. ος-) Stamm anlehnen, solche vorkommen, welche in ähnlicher Beziehung zu α-Stämmen stehen, so datiren sicher viele dieser Bildungen aus einer Zeit, wo diese Unterschiede noch nicht sich festgesetzt hatten.

Nach anderer Seite lässt sich der Zusammenhang der sogenannten α-Stämme mit consonantisch schliessenden Formen nachweisen. Wir finden im Griechischen Wörter als α- Stämme behandelt (und zwar, was sehr zu berücksichtigen, gewöhnlich nicht als Neutra), von denen in älterer Zeit αs-Stämme sich aufweisen lassen. ἔλεγχος σκότος κρίνος (κρίνον) οὐδός; schon bei Homer ἔρον und γέλον von unverkennbar consonantischem ἔρωτ ἔρας γέλωτ γελας; μογόστοκος μόγος ου; indirect nachweisbar κότος aus κοτές-σεται; κόρος aus κορεσ-σάμενος; πόθος aus πόθεσαν; ἔλεος aus νηλεές ἐλεαίρω, κράγος κραγές, πάγος -παγές, πάλος-παλές, πανδεχές πάνδοχος. πινός -πινές, στίβος-στιβές, ἀμφίδρυφές ἀμφίδρυφος, ὄροφος ὑψηρεφές ἠχός δυσηχές ἔργον δυσεργές διάβροχος διαβρεχές ἀντίγραφος εὔγραφές etc. Die Eigennamen auf κλος für κλέης Πατρόκλεις Voc. von Πάτροκλος. Nebenbei zeigt sich in Parallelformen oft die consonantische Form πίνος δυσπινές πιναρός στίβος στιβές στιβαρός στιβάς u. s. w.

Bildungen auf -αρος -ερος, die zunächst nur auf α-Stämme zurückgeführt werden können, stammen häufig von Stämmen, die späterhin vocalisch geworden (nach der bisherigen Ausdrucksweise) oder sind einfach der Analogie nachgemacht, z. B. δολερός von δόλος δρόσος δροσερός.

Einzelne Feminina auf -εια, wo man vocalische Stämme vermuthen muss, weisen auf das ursprüngliche Consonantische des Ausganges, z. B. δυσαριστοτόκεια Ἀστυόχεια Κεκρυφάλεια (κεκρύφαλος) gebildet wie χαλκοβάρεια Ἰφιγένεια Ἱπποδάμεια Ἀδράστεια Διογένεια ἠριγένεια. Griech. -εια entspricht Sanskrt. *rodasí = rudráṇí*. Ein lebendiges Beispiel dieser Umwandlung ist Ἀργειφόντης, dessen erster Theil ἀργει auf ἀργετι zurückgeht, während das Wort im freien Zustande Ἄργος zur vocalischen Declination übergegangen ist.

Wie die Feminina auf -εια so sind auch die Adjectiva auf ειος für altes εσι-ος beweisend. So δάνειον von δάνος ἐπιτήδειος von ἐπιτηδές, ἤθειος von ἦθος, θέρειος von θέρος, κήδειος von κῆδος, κήτειος von κῆτος, ὀνείδειος von ὄνειδος, ὄρειος von ὄρος, τέλειος von τέλος, ἔρκειος von ἔρκος; mit erhaltenem σ ἀπειρέσιος (von πέρας); ἐτήσιος und ἔτειος von ἔτος; βροτήσιος und βρότειος; ebenso οἴκειος λύκειος ταύρειος u. s. w., von denen dasselbe gilt, wie von den Bildungen auf -αρος-ερος von a-Stämmen. Dieselbe Bewandtniss hat es mit Deminutiven ἀγγεῖον und ἐγχείη; vielleicht hatte die Bildung häufiger als wir es nachweisen können ηιος.

Im Slovĕnischen bieten die es-Stämme schwache Spuren von i-Stämmen, so im Gen. S. zuweilen *nebesi*, Dual Nom. *tĕlesi*, Dat. Loc. Pl. *tĕlesemŭ tĕlesechŭ* stehen wohl für *tĕlesьmŭ tĕlesьchŭ* wie *tĕlesьma* wirklich angeführt wird. Hier finden wir also das alte *i*. Zweifelhafter Natur ist der Local *tĕlesi*, der wohl auf einen *i*-Stamm weist, was durch das Litauische noch wahrscheinlicher wird. Nom. Acc. Instrum. Plur., Nom. Acc. Gen. Dat. Du. gehören der a-Declination an. Auch Nom. Acc. Sing. bezeugen den Übergang zur a-Formation, den für schliessendes *as* wäre *e* die slovĕnische Form; wie böhm. wirklich *nebe*, allein unter allen verwandten Sprachen die consonantische Form bewahrend, hat. Auch *lice* лице gehört hieher. Während fast alle, wenn auch nicht gleichmässig häufig (mit Ausname, wie es scheint, von *isto)* auch nach der a-Declination flectieren können, fällt es auf, dass Suffixe danach flectieren, die von rechtswegen der a-Declination angehören sollten: дѣло роуно (gebildet von der Wurzel *var (vr)* mit Suffix *únas* wie *bĕgoynŭ*; genau entsprechend Ved. Ssk. *únas* in *rjúnas damúnas*).

Da die Declination bereits in den ältesten Schriften (иго ижесе челесьнѫ тѧго жесе слоугхо шесе) im raschen Verlöschen begriffen ist, so dürfte die Annahme eines Übergreifens schwerlich zu rechtfertigen sein. Vielleicht war im Slavischen in der Urperiode ein strengerer Parallelismus zwischen den *an-* und *as-*Formen als sich aus der erhaltenen Formenmasse schliessen lässt. Vielleicht jedoch wird die Wortbildungslehre uns hierüber noch aufklären. Bemerkenswerth *ravъsьnost*, gegen Altbaktr. *ravañh-*, *vъsprĕčesenije prĕko* böhm. *přikrý; liutese* Gen. v. *liuto*.

§. 21. Hie und da lassen sich Spuren nachweisen, dass auch der vocalische Schluss *i* ursprünglich bei Thematis, die später als a-Stämme gelten, vorhanden war. Man vergleiche mit γεραίτατος μυχοίτατος, weiter ὀλοοί-τροχος aus ὀλοοσι-τροχος der verderbliche

Läufer. So sind denn auch Πυλοιγενής ὁδοιπόρος χοροίτυπος und ähnliche vermeintliche Locative nichts anders als die vollständigere vocalisch schliessende Form, ebenso wenig als Locativ zu fassen als in διπετές δι d. i. διϝι, da das Wort doch heisst 'vom Himmel fallend'; διϝι ist also zu fassen wie χαλι in χαλίϝρον, λαϑι in λαϑικηδες ἀρχιτέκτων u. s. w. Übrigens kann nunmehr umgekehrt gar nicht mehr daran gezweifelt werden, dass der Loc. Sing. der *o*-Stämme eben nichts anders ist als die vocalisch schliessende Stammform, die den Consonanten verloren hat, während der Nom. Sing. den Vocal eingebüsst hat. Vgl. χαμαί Local Ssk. *kšamá kšmá* χϑαμαι, *dosá* (daneben *usasi*) für *dosáy -ám, guhá* für *guháy -ám*.

Hier mögen noch die Beispiele von dem Entsprechen der *as*- und *a*-Stämme folgen: αἶϑος (τὸ) αἶϑος (ὁ), βέλος βόλος βολή, γέμος γόμος, γένος γόνος γονή, (ὁ) νέφος ὀνόφος (sl. *nebes* lit. *debesis)*, ἔρχος ὄρχος, λέχος *(ložesbia* sloven.) λόχος, μέρος (μέλος), μόρος (μοῖρα), πάϑος πόϑος, τέκος τόκος, τρέφος τρόφος τροφή, τρίβος τριβή ἀτριβές, φίλος προςφιλές, στρόφος στροφή εὔστρεφές ῥέϑος ῥόϑος, welches besonders von Interesse: Vergleicht man nämlich griech. σκέλος und slav. колѣс *(kolo)* kolěno, so sieht man, dass in beiden Fällen der Begriff des Biegens den auseinandergehenden Bedeutungen zu Grunde liegt. Hiezu noch Ssk. *ratharyámi*- und *ratha* lat. *rota* Rad. u. s. w. Vgl. Ssk. *vanargu* und *vanagámi*.

Schon oben haben wir Beispiele von dem Zusammenvorkommen von Neutra auf -ος mit Fem. auf -η gegeben; hier sollen noch mehr folgen: ἄγκος ἀγκή, ἐπάναγκες ἀνάγκη, ἄκος ἄκη, ἄνϑος ἄνϑη, βλάβος βλάβη, γλῆνος γλήνη, δέρος δέρας δορά, δῖψος δίψα, ἔλκος ὁλκή, νάκος νάκη, κάρφος κάρφη, κλέπος κλοπή, λῆϑος λῆϑη, νάπος νάπη, πλέκος πλοκή, σκάφος σκάφη, σκέπας σκέπη, σκῆνος σκηνή, στέγος τέγος στέγη τέγη, χῆτος χήτη; πύλη εὐρυπυλές, ἀλκή ἑτεραλκές, πτυχή περιπτυχές, τέχνη κακότεχνος κακοτεχνές. Auch Slavisch und Litauisch bietet einiges dieser Art *edēsis* (nach Schleicher *edésis)* Frass, griech. Stamm ἐδ-ήδεσ-μαι ἐδεσ-τός ἐδ-ωδή (anders vocalisiert ἐδ-ηδώς) *edža*, Krippe, *iažda* Speise *(iadb* und wohl auch *iadž* Gift) vgl. *iadati*; *kalbésis kalbéstis* czô *kalbù*; *darkésis* hässlicher Mensch *dárga* schlechtes Wetter (?); *menesis* μήνη; Ssk. *tamas tŏma*; ὥρα *iaro*; κλέος *slava* und *sloves*: κέρας böhm. *kra*; ἐέλδωρ (ϝέλδωρ) lit. *valdža* althochd. *waltison* (entspr. *lac-erare, temperare, refrigerare) vláda*; ὕδωρ ὕδατ *voda* (goth.

ratan althd. *wazzar*); ἔρευϑος *royda* lit. *raudà* Röthe; *hrana* (böhm.)
und *grano granes-e* (slověn). Serb. *doba* Neutr. indec. *gluho doba*
und vielleicht slověn. *ložesbna* und böhm. *děloha*, wo *dě* das Ge-
legte bedeutet; auch im Ssk. wird die Wurzel *dhá* von schwängern
und schwanger werden gebraucht. Das lateinische bietet *rota* (ssk.
ráthas) griech. ῥέϑος Glied ῥόϑος drehende Bewegung; vgl. griech.
σκέλος slověn. *koles koléno* Knie und griech. κλ-ον-ος κλ-οτ-οπ-
εύ-ειν Κλ-ωϑ; *toga* zu τέγος τέγη; *unda* zu ὕδατ *voda vazzar;* der
hervorragende Zug in dieser Zusammenstellung ist natürlich der
Quantitätsunterschied. Allein dieser Unterschied begründet nicht
durchaus den des Genus. Höchst wichtig für die Geschichte der
Sprachbildung überhaupt, die der Femininform *ā* aber insbesondere,
die ja schon durch die adjectivischen Doppelformen καλός καλή,
durch den häufigen Geschlechtswechsel innerhalb derselben Sprache,
und von Sprache zu Sprache als blosse Modification zur Masculinform
sich darstellt, sind die Masculinen (wo *ā* unmittelbar auftritt, meist
Agens-) Bildungen auf *ā* im Lateinischen [1]), Griech., Slavischen, Litauischen. Die (wenig zahlreichen) lateinischen Formen und die (zahlreichen) slavischen und litauischen bekunden eine Verwandtschaft mit
den *an*-Stämmen: *agripetă, appetón, accola, incola, colón-us, ho-
micida, Intercidôna, scriba Scribon-ius (?) turbo turba.*

§. 22. Das Slavische und Litauische (Slověnisch und Serbisch
noch heut zu Tage) gebrauchen diese Bildungen auch Feminin *(voievoda sloyga* Supr. Cod. pg. 55 letzte Z. ова словӓ сотоннн̆к 89 3
sloygamŏ že vŏzgnětivŏšamŏ ognь 10 *sloygŏi diabolię* neben dem
Masc. 164 19. 341 letzte Zeile *osądzeną sądiją*. Die Bildungen zeigen
durchwegs eine Verwandtschaft mit Participien: *voievoda sloyga velb-
moža prědŏteču netęža;* russ. *obžora,* böhm. *obžera (hado-žrout),
ogrŏiza* beissiger Hund, *kožemiaka* Gerber, *soytiaga* Zänker; böhm.
*louda, kulha, hluma, obejda, osmrda, nimra, chlouba, chechta,
ochaba, ochlasta, odrapa, ohlta* (Fischart) *nohsleda (pedisequa),*

---

[1]) Was die Länge des *a* (Fem. Gen.) betrifft, so hat man sie im Altlat. (selbst bei
Plautus) nachgewiesen. Obwohl der Nachweis mir anfangs sehr problematisch
schien, so habe ich doch meine Zweifel aufgegeben, da ich das lange *ā* des Acc.
Neutr. Plur. gefunden habe: *proptereā praetereā intereā* (nicht Instrumentale
oder Abl. Fem.)

*nevĕda, nesyta, nestuda, nezhleda, nevtipa, nepobuda, nepo-
slecha, neposeda, nevrla, necuda, neslechta (slechta* Adel fem.)
Litauisch *neuzauga* Zwerg (nicht wachsender), *nenauda* Tauge-
nichts, *newala* der keine Lust am Leben hat, *ne nurima* der nicht Ruhe
hat, *naujveda* Neuvermählter, *daugnora* Geizhals, *peczlinda* Zaun-
schlüpfer, *uzmarka* der oft die Augen schliesst, *zémzura* der auf die
Erde sieht, *pakusa* Hetzer, Aufwiegler, *snuda (snusti)* schläfriger
Mensch, *dilba* Laurer, *gira* Säufer, *duka* Thor, *rĕka* Schreier, *szwilpa*
Pfeifer, *péreiwa* Landstreicher, *pirmĕjēja* Vorläufer, *(van-* und *jan-*
Stämme*), elgĕta* Armer *tabalka* Landstreicher, neben *elgĕta elgĕ-
tinas, nemokĕla* der nichts kann, etc.

Die Ähnlichkeit der slavischen (namentlich der böhmischen)
Bildungen mit den litauischen liegt auf der Hand. Darum dürfte die
Ableitung von Participialformen *-a* (böhm.), *ia* (russisch), abgesehen
davon, dass sie gerade für die ältesten Bildungen, die allen slavischen Sprachen gemein sind, nicht anwendbar ist, von vorn herein
abzulehnen sein. Ihr ist auch die litauische Nominativform des Par-
ticips *-as* nichts weniger als günstig. Andererseits weist auf den Zusammenhang mit *an-*Stämmen auf unwiderlegliche Weise die jüngere
Bildung *-onas* (lit.), *-аих* (slov.) hin; man vergleiche *dilba* mit *dil-
bonas, -snuda* (der Bed. nach) mit *mĕgonas, daugnora* mit *nuronas.*
Slov. *pijanъ dostojanъ prijan; skovranъ.*

Endlich bemerken wir, dass auch das Altnordische zahlreiche
männliche Eigennamen femininer Form kennt als *an-*Stämme (goth.
ôn), z. B. *Lûfa, Sturla, Skûta,* zum Theil (wie *Lûfa*) adjectivische
Beinamen.

Das Einfachste ist also Annahme einer *an-* und *iun-*Bildung; oben
ist die consonantische Declination dieses Suffixes nachgewiesen worden. Neben тані findet sich wirklich ѣ (ia) im Nominativ Plur.; es
ist dieser plurale Nom. aber nichts als ein collectiver Singular, und da
er wie ein Feminin auf ѣ weiter decliniert wird, so haben wir hier
den handgreiflichsten Beweis des Entstehens eines ѣ aus einem ані
(nicht таних-Stamme).

§. 23. Um jedoch einen richtigen Begriff von dem Verhältnisse
dieser zu den gewöhnlichen femininen *á*-Bildungen zu gewinnen,
müssen wir an die leblosen Gegenstände denken, die durch sie dargestellt werden, und gewissermassen als Agentia auftreten. Z. B.

podžpora, *zavésa*, *opona*, *stlžba*, *povlaka ogradu; ogara* (russ.) Feuerbrand; *para kosa gąba ąda socha gora;* an Thiernamen: *žaba brégo-kržtoržia;* an Begriffe wie *straža sloyga;* man vergleiche *vodoteča* (fem.) mit *prědžteča* (masc.) und wieder fem. *vododržža;* böhm. *networa* (f.) Ungeheuer.

Diese Beispiele, die noch sehr vermehrt werden könnten, müssen uns von dem rein formellen Charakter der Genusverschiedenheit überzeugen.

Aus dem Litauischen führen wir an: *pusausvyra* Zunge an der Wage; *szirdpersza* Herzbrechendes d. i. Herzeleid; *vynmusza* Weinkelter; *apweizda* Vorsehung *putweizda* Wahrsagerin; *edža* Krippe; *edža* (masc.) Fresser; *newedža* Unverheirateter; *naujwedža* Neuverheirateter; *skundža* Klager; *praskunda* Schmerz; *iwoda* Wasserleitung u. s. w. Vgl. *padauža* (m. f.) und *padaužů* (St.-žen).

Verwandtschaft zu den männlichen, wie zu den weiblichen *ă*-Stämmen verrathen Bildungen auf *anь*: *dlanь* (vola) *mrvánь* neben *mrva* Splitter; *hlubánь* Tiefe; (böhm.) *bělanь dlouhanь hlavanь;* letztere Benennungen männlicher Personen *(Albinus, Longinus, Capito);* die Erweichung ist hier wichtig, sie verdankt ihren Ursprung dem alten *i.* Bei *hltan* (грътань) ist die Erinnerung an das schliessende *ь* ganz geschwunden; vgl. böhm. *rvanice* mit slověn. ръвань.

Von den zahlreichen Eigennamen auf *ata* männl. Geschl. *(lopata* Schaufel weibl.) wird man wohl annehmen dürfen, dass sich verkürzt sind aus *ataj chodata (chodataj) chvalata lovata hňevata kvasata, holata (holas) bojata kyjata; koňata, hočata, hoňata.* Das *-aj* wie bei таӥ oben. Die gleichfalls sowohl als Appellativa als auch als Nomina propria neben der Abstractbedeutung gebrauchten auf *-ота milota, mrakota, radota, dobrota, mladota, mirota, blekota* (Belferer) *junota* (auch Collectivum) *sirota* (viell. gehört *lopota* für *lopata* eher hieher) erinnern an griech. -έτα -έτης und -έτη oder ετή. Schwieriger sind die Feminina in vorgerücktern Derivationsstadien zu erklären: von Comparativen *mьnьšina, storějšina, bogatina,* auf *ica: pijanica, liubica, mądroliubica, krьvo-o-pijca, dumьca, kradьca, sěčьca, iadьca, bijca, ubijca,* die Formen auf *ij* (Gen. *iję*) *větij* (vgl. Fem. *mlžnij* serb. *munьa*) *sądij* auf *čij sokačij biržčij* etc. Sicherlich wird man im Princip von der oben gegebenen Erklärung nicht abweichen dürfen. *vladžika* wird wie *motžika* auf *vladan-ká motan-ká* zurückzuführen sein, und dieses slav. *motži-* ist sicherlich

ssk. *manthan* oder *mathn* wie es *matháná* (Sing. Imper.) und
mathná slav. *metn-ą* voraussetzen lassen. (Vgl. Anm. 9 *a.*) Russ.
volokšita erinnert an lit. *valkatà*. Die Formen *inga*, die slověn.
ᴀᴦᴧ wären, finden ihre weitere Erklärung in lit. *ingas*, das abzu-
theilen -*in-gas*, wo *g* eine Schwächung für *k* ist, statt *inkas*, das
bis auf wenige Fälle (*dwylin-kas* vgl. *kelintas*) sich nur in -*inin-
kas* erhalten hat, *esin-gas* wesentlich, *dalgin-gas* sensenförmig,
(*dalgis dalginis-ia*), *kalbingas* beredt (*kalba besis*) *kwosingas* lau-
genhältig, *graudingas* kläglich, *balsingas* tönend (*balsinis*, *balsas*,
Stimme), *maldingas* fromm, (*maldytis*), *nůbodingas* widerwillig,
laimingas glücklich, *naudingas* nützlich, *gēsmingas gēsminis*, *mo-
linas molinis molingas*, *sunarinis sunaringas*, *bitinas bitinis*
bitingas, *sakinis sakingas*, *żwirgżdinis żwirgżdingas*, *żuwinis*
żuwingas, *warpinis warpingas*, *werszinis werszingas*, *drauginis*
draugingas, *kaulinis kaulingas*, *żolinis żolingas* u. s. w. Die
Hauptsache, wie oben schon bemerkt worden, zum Verständniss dieser Formen, ist die Beschränkung des Unterschieds auf die Quantität.

§. 24. Verschieden von der Art, in der, wie wir darzulegen
versucht haben, im Slav. masculine *á*-Stämme entstehen, ist die,
auf welche sie im Griechischen zu Stande kommen. Hier sind es
Stämme auf -ητ -ης, und wie es scheint auf -τηρ welche in -η-Stämme
sich verwandeln, ohne dass ein Dazwischentreten von nasalen Bildungen, so weit wir den Gegenstand verfolgt haben, irgend nachweisbar wäre. Schon längst ist auf das parallele Vorkommen von
Stämmen auf τήρ und της hingewiesen worden, neuerdings von Leo
Meyer (vergl. Gramm. d. Gr. n. l. II 345) βοτήρ βοτής βώτωρ, δρη-
στήρ δρήστης, ἐλατήρ-ἐλάτης, ἀϑλητήρ ἀϑλητής, αἰσυμνητήρ αἰσυμνη-
τής, ἀκεστήρ ἀκεστής, ἀρνευτήρ ἀρνευτής, ϑητήρ ϑητής, κυβερ-
νητήρ κυβερνητής, λωβητήρ λωβητής, κολυμβητήρ κολυμβητής, ὀρχη-
στήρ ὀρχηστής, αὐλητήρ αὐλητής, ἀκοντιστήρ ἀκοντιστής, εὐνητήρ
εὐνέτης, ἱκέτης ἱκετήριος προσίκτωρ πρόίκτης, κριτής κριτήριον,
ὑποφήτωρ ὑποφήτης, ἀλείτης ἀλιτήριος, ἀλέτης ἀλετρίς. Ganz
besonders werthvoll ist aber das homerische ἐϑελοντήρ, gegenüber
spätem ἐϑελοντ-ής; Leo Meyer findet es auffällig und meint es sei
aus ἐϑελοντ-τήρ entstanden. Allein dasselbe ist ein lebendiger
Beweis, dass τηρ zu trennen ist in τ- ηρ und demgemäss της in
τ-ης, ητηρ in ητ-ηρ, ητης in ητ-ης. (Anm. 9, *b.*) Auch der Vocativ

-τᾶ erregt bei demselben Gelehrten Bedenken, und bestimmt ihn, da er den Abfall von *r* für unmöglich hält, an eine Form ταν zu denken. Sonderbarer Weise entgeht ihm eine viel einfachere Erklärung. Viel einfacher ist es nämlich, wenn wir, wie es lautlich auch gerechtfertigt ist, die Form της für die ursprüngliche ansehen, da ja doch *r* jünger als *s* ist: Das Beispiel von *patnî (patanî* für *patari* -πατέιρα)*, dem man aus dem Lit. noch *sesû* d. i. *sesan*, dessen Herleitung von *seser* eine absolute Unmöglichkeit ist, hinzufügen kann, diese Fälle können doch wohl nicht unbedingt für das Griechische massgebend sein, das, wie es scheint, die Nasalis nur in των (τον) hat: τέκτον. Streng genommen freilich ist die Frage, ob *r* ob *n* abgefallen, eine ziemlich müssige. Zum Überfluss werden wir im Verlauf noch nachweisen, dass das ς der sogenannten τη-Stämme wirklich in vollstem Sinne das ρ der τηρ-Stämme ist. Das Digamma nämlich, das für den Gen. der Stämme auf -ης (αο) nachgewiesen ist, kommt hier in Betracht. Man vergleiche ferner ἔτης (οϜετης) mit ἑταριος, woraus ἕταιρος und ἕταρος, und erinnere sich der langen und kurzen Doppelformen, wie sie ἑκητί ἀέκητι und ἀεκαζόμενος erschliessen lassen.

Höchst interessant sind hier die Doppelformen -ης und -ητ-ης -αὐλης αὐλητ-ής -ώνης und ὠνητ-ής, -πώλης und πωλητ-ής und dagegen γυμνήτ-γυμνητ-ης, ἀκάκ-ης ἀκάκητα, ἔπος ἐπητ-ής, πένητ γεωπείνης, χερνῆτ χερνήτ-ης, ἀμαχητ-ί μαχητ-ής ἀβοητί βοητ-ής. Offenbar unterscheiden sich beide Formen dadurch, dass das Suffix in der zweiten verdoppelt, am Schluss aber geschwächt ist. In der Silbe ητ ist das Suffix mit unmodificirtem Auslaute erhalten. Wo aber das Suffix (vielleicht der grössern Länge des Wortes halber) einfach blieb, ward es in diesen Formen häufig geschwächt. Den engen Zusammenhang beider Formen, zeigen die Herodoteischen Formen δεσπότεα δεσπότεας κυβερνήτεα. Schwierigkeit macht allerdings, hier wie häufig anderswo, das Auftreten von σ vor τ ἀργηστής ἀργεστής πενέστης πενέστης (πενητ) ἑρπηστής μολπηστής ἀλφηστής τευχηστής ὀρχηστής χηρωστής ἀφρηστής. Indess wird die Schwierigkeit durch eine Erwägung der Natur des sogenannten Nominativ-*s* sich von selber heben [1]).

---

[1]) Mit diesen Doppelformen *t st*, die mehr oder weniger in allen Sprachen wiederkehren, wird man in der Regel bald fertig. Man betrachtet das *s* als eingeschoben. Im wahren Sinn des Wortes eingeschoben ist es aber wohl nirgends (etwa wie δ in

Von der attischen Declination gehen einige auf -ων zurück, einige auf -ως ὑπό- ἀξιόχρεως, einige auf ein zusammengezogenes -αος von -ατος.

ἀνδρός in ρаздроүшнтн), sondern es ist, wo es nicht ursprünglich, doch Reproduction einer ursprünglich berechtigten Form. Wählen wir eine Hauptform dieser Art, altslov. slav. *stvo*. Dieses wird gewöhnlich Sansk. *tvá-m* gleich gesetzt. Doch zeigt der Veda schon *sáuprajástvam aprajástvam anágástvam*. Werden wir hier *s* als eingeschoben betrachten? wir werden vielmehr daran denken, dass das sogenannte Nominativ-*s* (alt *t*) verwächst mit dem Stamme, daher Wurzelformen auf *á* den Nom. Plur. *ás-as* zeigen. Auch der Vocativ Sing., das Feminin beweisen dies. Denselben Vorgang des Festwerdens eines sogenannten Nominativ-*s* sehen wir in *bhás-tŗna*. Wir können dieses *s* nicht trennen von den *t*, das vorzüglich in Bildungen von vocalisch schliessenden Wurzeln; häufig erhalten in Sanskrt und Altbaktr., z. B. *kŗt -stut -çrut- çtut*, zu *s* geschwächt in *aprayu-s* „nicht ablassend", während *t* bei Wurzeln, die auf *á* schliessen, nur im Altbaktr. *thraotôçtát* „im Flusse steh'nd" (vgl. noch *rathaççtárc*) vorkommt, und im Vedischen *dasyusát*. In der Gestalt *t* festgeworden, haben wir das Nominativ-s jüngst in der Kuhn'schen Zeitschrift nachgewiesen in *adbhis adbhyas* für *ap-t-bhis* u. s. w. Hieher *ap-ti-a, an-ap-t-a*. Häufig ist *s*, mehrfach *si*, im Altbaktrischen nachzuweisen, was man dieser Sprache sehr übel genommen hat. Aus all dem geht nun hervor, dass, wie durch die ganze Wortbildung nachgewiesen wird, das sogenannte Nominativ-*s* rein deiktische Bedeutung hatte, also durchaus nicht ursprünglich speciell einen Casus bezeichnete. Nun sind aber, wie gezeigt werden wird, pronominale Elemente dieser ihrer Bedeutung fortwährend verlustig gegangen, und die ursprünglich gleich bei einfacher Wurzel verstandenen Categorien von agens actio etc. haben sich von jener getrennt und dem ursprünglich demonstrativen Elemente einverleibt. Daher musste dem demonstrativen Bedürfniss fortwährend durch ein neues, bald wieder seinem ursprünglichen Zwecke sich entfremdendes Element abgeholfen werden, bis die Verschmelzung aufhörte, ein Process, der sich übrigens hie und da, nach einer Unterbrechung von vielleicht mehr als einem Jahrtausend, plötzlich erneuert (slav. нта iє, neubulg. *t-тъ-to*, nordisch *inn in it*). Von diesem Standpuncte aus ist die Lautverbindung *st* aufzufassen, wo sie neben blossem *t* im Anlaute eines Suffixes auftritt. In dem einen Falle ist das mit *t* anlautende Suffix an den vocalisch auslautenden Stamm getreten, und hat ohne gänzliche Schwächung zu erfahren, fortbestanden, und zwar mit Beibehaltung wenigstens von so viel vocalischem Elemente als ausreichte unmittelbare Berührung mit dem dentalen (oder resp. auch gutt020:len) Anlaute des folgenden Suffixes zu hindern. In dem andern Falle trat im ersten Suffixe völliger Vocalverlust ein, und die Consonans des zweiten trat in unmittelbare Verbindung mit dem gebliebenen *t*, das dann natürlich zu *s* ward. Mit der Zeit und zwar gewiss sehr früh, präsentirten sich die Formen mit *st* als gleichberechtigte Varietät der Formen mit *t*, und es versteht sich, dass die meisten Fälle von *st*-Formen einzig der Auffassung von *st* als eng zusammen gehörige nicht zu trennende Elemente ihre Anwendung verdanken.

§. 25. Nachdem nun nach einer Seite der consonantische
Schluss mit Vocal *i* (*áni*), für die Feminina in grossem Umfange
constatirt ist, wollen wir noch einen andern Schluss auf dem Gebiete
des Griechischen nachweisen, der auch sonst noch für Sprachgeschichte Interessantes bieten wird. Gross nämlich ist die Zahl der
Verba auf άω (und ihr Zusammenhang mit den Femininis auf *á* ist ja
sicher), welche mit Formen auf άζω parallel einher gehen, von denen
viele abzuleiten sind von nominalen auf η: φοιτᾷν φοιτάζειν, εἰλυφᾷν
εἰλυφάζειν, ἀγαπᾷν ἀγαπάζειν, ματᾷν ματάζειν (?) πελᾷν πελάζειν
(τειχεσιπλῆτα), αἰτιᾷν αἰτιάζειν, ἀγορᾶσθαι ἀγοράζειν, ἀνιᾷν ἀνιάζειν,
βιᾶσθαι βιάζεσθαι, αὐδᾷν αὐδάζειν, εὐνᾷν εὐνάζειν, θοινᾷν θοινάζειν,
λωβᾷν λωβάζειν. πειρᾷν πειράζειν πειρητίζειν, σκιᾷν σκιάζειν, ἀτιμᾷν
ἀτιμάζειν, τεχνᾷν τεχνάζειν, ἀντιᾷν ἀντιάζειν, γενειᾷν γενειάζειν,
λοχᾷν λοχάζειν (οὐτᾷν οὐτάζειν). Dazu kommen von ἀκμή ἀκμάζω,
αἰχμή (αἰχμητᾰ) αἰχμάζω, ἄγη ἀγάζω, ἀγέλη ἀγελάζω, ἀκουή
ἀκουάζειν, ἀνάγκη ἀναγκάζω, αὐγή αὐγάζω, δίκη δικάζειν, δόξα
δοξάζειν, εἰλαπίνη εἰλαπινάζειν, ἑορτή ἑορτάζω, ἠλύγη ἠλυγάζω, θηλή
θηλάζω, σκοπιά σποπιάζω, (ἔμπαιος ἐμπάζομαι?), σχολή σχολάζω,
χλοή χνοάζειν, σπουδή σπουδάζειν, δοιή δοιάζειν, ἐπήρεια ἐπηρεάζειν,
θυσία θυσιάζειν, κοίτη κοιτάζειν, ἐκκλησία ἐκκλησιάζω, χλεύη χλευάζω,
λίμνη λιμνάζω, μολπή μολπάζω. Wenn auch nicht geläugnet werden
kann, dass manche dieser Bildungen direct von den η-Formen nach
Analogie gemacht wurden, so muss doch zugegeben werden, dass
die Analogie vorhanden war. Wir müssen also Stämme von η-Fe-
minen annehmen, die auf Dentalis schlossen. Es ist bekannt, dass τ
vor ι und folgendem α- Laute zu ζ wird χαριτ χάριζομαι die Verba
auf -μαζω von Stämmen auf -ματ etc. Erweichte sich τ zu δ: σπου-
δαδιω, so konnte δ auch ausfallen, vgl. θλαω, Hom. θλασ-σε, θλα-
δίας; σπάω σπασ-σαμενος σπάδων; χλιδή (χ)λιαρός; κλαδός κλών
statt κλαδων; ὀπαδός ὀπάων; κεχλαδέναι χλοή χλωρός; ῥᾴδιος
ῥᾴων; ἐληλάδαται ἐληλέαται u. s. w.
    Allein merkwürdiger Weise scheint es fast, als sollte man wirk-
lich frei vorkommende Modificationen der Feminina auf weiche Dentalis annehmen müssen. Man vergleiche zunächst σκιάδ und σκιά,
ψιάδ und ψιά, δείρη πολυδειράδ (ος Οὐλύμποιο), μήνη und μηνάδ
πελειάδ πέλεια ἁλμάδ ἅλμη, χαιρηδόν χαρά, στίβη στιβάδ, σπέραδος
σπορά.

§. 26. Noch eigenthümlicher gestaltet sich das Verhältniss einerseits der (Femiuin-) Stämme auf εδ-όν, -ηδ-όν zu den Femininis auf η: Ἀνϑηδ-ων ἄνϑη, ἐδηδόν, lit. *edža*, slověn. *jažda jadati;* λαμπεδ-όν λάμπη, πευκεδ-ανός πεύκη, τυφεδ-ανός τύφη, χαιρηδ-όν χαρά; κλενϑ-όν *slava*; andererseits dieser beiden Formen zusammen zu gewissen adverbialen Formen auf -δον -δα -δην *(dam dâm?* vgl. lat. *qui-dam qui-dem tan-dem).* Wir haben wahrscheinlich zunächst hier denselben Wechsel zwischen auslautender Dentalis und Labialis wie bei den Zahlwörtern; dies ist ein Punkt äusserster Wichtigkeit, wie wir im weitern Verlauf sehen werden. Hierher gehören τμήδ-ην (τομή), -βλήϑ-ην (ὑπο-ἀμ-παρα-, βολή), ὀνομακλήδ-ην (ὁμό-κλη), διαρρήδ-ην; ἀμοιβηδ-ίς (ἀμοιβή); σφαιρηδόν (σφαῖρα); κρυφηδ-όν (καλύβη), ἐλκηδ-όν πυργηδ-όν χαναχηδ-όν ῥοιζηδόν. Wir wollen nur im Vorbeigehen hier bemerken, dass die Endungen -ον -ην (das *âm* z. B. des Loc. Sing.) hier in einer unklaren, aber für die Sprachgeschichte höchst merkwürdigen Mitte stehn zwischen Casus- und Wortbildungssuffix. Das Element αδ: ἀμβολάδ-ην, μεταδρομάδ-ην ἐπιστροφάδ-ην, ἐπιτροχάδ-ην, προτροπάδ-ην, ἐπαμοιβαδίς, αὐτόσχεδ-ον αὐτόσχεδ-α.

§. 27. Das Element δ lautete δι, dies ist schon von Leo Maier erwiesen (II 389), so neben αὐτόσχεδον αὐτοσχεδίη σχ-εδ-όν σχ-εδίην (ἐπίσχερω und σχεδ-ίη das Floss, d. i. eine Reihe von Hölzern), πανσυδί-η σύδ-ην, ἀμφαδόν ἀμφαδίην, sodann διχϑάδιος ἀμφάδιος κατωμάδιος ἐκταδίη (χλαῖνα) ἀποτάδην, κρυπτάδια. Nun ist es klar dass wir hievon Formen auf -δίς nicht trennen dürfen. ἀμοιβηδίς ist ganz gleich einem ἀμοιβηδόν, das freilich nicht existiert, und ἀμοιβηδίς ist von ἀμοιβαδίς nur unwesentlich unterschieden. So fallen nun auch die Formen οἴκαδις χαμάδις (ἔραζε ϑύραζε). -ζε wird von σδε hergeleitet. Allein die Schreibart -σδ wird häufig angewandt, wo keineswegs an Etymologie aus σ-δ gedacht werden kann, (σδεύγλη σδυρίγγω), vielmehr einzig um ein weiches *s* auszudrücken. Auch kann bei χαμάζε an ein χαμασ-δε gar nicht gedacht werden, χαμᾶ ist Sanskrit *kšma kšamá,* vgl. χϑων χϑαμαλό χαμαί. Wir leiten also ζε regelrecht von δε ab, das sein Schluss *s* verloren hat: aus δις ward die Doppelform -δισ-δε (so, um eine Analogie anzuführen, erklärt sich die Doppelform -κις [δεκάκις] und -κάς [ἀνδρακάς] aus κιας, Sansk. *çás).* Allein andererseits scheint δε unabhängig zu

stehn Πύλονδε ἡμετερόνδε, nur durch den Accent an das vorausge-
hende Wort gebunden. Wir können auch δε in τόδε nicht mehr trennen, das schwache Spuren einer Declination zeigt (τοῖσδε-σιν τοῖσ-
δεσσιν, was zunächst auf Pron. δεν zurückführt, dessen ι- Schluss aus
δεῖνα = δενι-α erhellt). Hiezu Slověn. *kŏždo kŏžde, tŏžde ὁ αὐτός* aus
kŏ-dio tŏ-die kŏijžde ižde und *ide; že* ist viel wahrscheinlicher
aus *žde* entstanden als dass es gleich ved. ssk. *ha gha* wäre; vgl.
böhm. *žák*. So kommen wir zu dem Schluss, für den wir noch
weiterhin viele Beweise bekommen werden, dass die lautlichen Mo-
dificierungen des Suffixes und des frei gebliebenen Pronomen (denn
wir wollen es gleich sagen, das Wortbildungssuffix war ursprünglich
Pronomen, und sehr lange Zeit recrutirte sich die Wortbildung
direct aus dem Pronomen, bis endlich die Zeit eintrat, wo man die
Bildungen blos wiederholte, und nach Analogien bildete) parallel mit
einander hergingen; und dieselben Bildungen zwar, aber mit wesentlich verschiedener Bedeutung in weit aus einander liegenden Zeit-
räumen zu Stande kamen.

Ein ähnliches Verhältniss scheint den slavischen Bildungen *ᶇdŏ*
zu Grunde zu liegen: отъ къдоү тъдоү съдоү юждоү (ньждоү)
вьсъдоү обоюждоү; къда тъда; und къдѣ etc. böhm. *-udy všu-
dy tudy.* Über das nasale *kᶏ tᶏ* etc. ist oben bereits gesprochen
worden. *-doy -da -dě -dy* sind sicherlich Reste einer Pronominal-
Bildung, die sich freilich ausser den Partikeln *da daže de* nicht mehr
erhalten zu haben scheint. Demonstrativ scheint es noch in *do
ideže* 'bis,' etwa: *hoc, ubi,* wo *do* vielleicht von der Präposition
nicht verschieden ist, aber noch im ursprünglichen pronominalem
Sinne auftritt.

Um die Erörterung über die griechischen Bildungen abzuschlies-
sen, bemerken wir, dass hier zunächst Bildungen auf altes *am ám,*
wie das Sansk. und Altbactr. sie bei den Pronominibus namentlich
kennen; *tv-am ah-am mahy-am mihi, tubhyam tibi* etc., das Latein
in den Silben *dam dem,* natürlich für *diam.* Diese Bildungen gelten
nicht als Casussuffixe, sie erstarrten zu Adverbien. Ihre Function in
der Wortbildung (in der Flexion haben sich dann vielfach Casusbe-
griffe daran geknüpft, z. B. Loc. Sing. Fem. Sansk. *áy-ám* verglichen mit dem Localen χαμαί, Suff. *bhy-ám* Dual., *ánâm*), ist noch
nicht klar. Wir stehen somit bei Bildungen auf *-αδ -ηδ,* resp. *-αδι*
-ηδι. Diejenigen secundären Bildungen, welche auf εδ ηδ Nasale der

Dentalenreihe ansetzten, waren lebensfähig und blieben declinierbar, vgl. *septem saptan*. -δις scheint selbständig bestanden zu haben, wenigstens sind οἴκαδε etc. kaum anders zu fassen, auch muss man die Beziehung zu δε δεῖνα anerkennen. Altbaktrisch und Altpersisch kennen einen Pronominalstamm *di (dim dit dis)*, und Altbaktr. *vaéç-men da* nach Hause; *tá da mainyáoñhó* an dieses denkend; da nun *di* sicherlich *dya* ist, so haben wir im Altbactrischen genau dasselbe Verhältniss wie im Griechischen. *dya* gilt uns, wie schon bemerkt, als Schwächung von *tya*.

§. 28. Es soll hier als Parallele für den bisher dargelegten Vorgang die Entwickelung der Stämme auf -ματ folgen. Wir finden -μάδ in αἱμάδ ἀλμάδ ἰκμάδ χερμάδ χερμαδι-ος χειμάδιος und den Verbis auf μάζω, -ρ in ἦμαρ (ἤματα) ἡμέρα τέκμαρ τεκμαρι-ω χίμαιρα χειμέριος ἱμερι-ω ἱμείρω, θεμέλια θεμείλια; Θυ-μέλ-η, πῑ-μέλ-η τεκμήριον, ἐρυγμηλ-ός, κειμήλιον; ἀναιμωτί (?) νωλ-ε-μές und ausgefallen in -μεῖον. -ν finden wir θαυμαίνω ὀνομαίνω φλεγμαίνω; χαρματ χάρμων χαρμονή; κῡ-ματ ἀ-κυ-μον, πῆ-ματ ἀπημον πημονή; πλησ-μον-ή; φλέγματ φλεγμανι-ω φλεγμον-ή; -μέν (masc; sonst meist neutr.) ἀυτμέν ποιμέν ποί-μνη λιμέν λίμνη, πυθμέν ὑμέν χειμῶν; ἀνεμώνη -μενος μεν, μενον -μνον βέλεμνον. Hieher das Infinitiv-Suffix, -μεν, Dativ -μεναι. Will man der Analogie folgen, so steht -μεν statt -μενι; darauf weist Rhod. -μειν hin und die Infinitivform -ειν, die für -ενι steht; so vedisch *an man* in Locat. für *ani mani*, was bis ziemlich spät muss gegolten haben, da auch der Pada-Text nur *an man* zeigt, wo es der Krama-Text hat. Die Form des Infinitivs des zweiten Aorists -έειν, die man als für -έμειν stehend betrachten kann, warum werden wir später (§. 32) sehen, kann als weiterer Beweis dienen. Erweiterung von μαν zu μαντ ist ausserordentlich selten: ἱμαντ θαῦμαντ. -βαντ in λυκάβαντ ὀκριβαντ (nicht mit Wurzel βα zusammenhangend) κιλλιβαντ. Ebenso finden wir Übergang in μος-μη. αἴνιγματ αἴνιγμός, ἄμυγματ ἀμυγμός, θυμός θυμαίνω, λικμός λικμαίνω, θερμός θερμαίνω θερμωλ-ή, σεισμός σεῖσματ, σπάραγ-ματ σπαραγμός, σπάσματ σπασμός, φράγματ φραγμός, ἄρματ ἁρμονία ἁρμός ἁρμή, βῆματ βωμός, θημών θωμός, δάνεισματ δανεισμός, δεῖματ δειμός, τέρματ τορμός τόρμη, βρῶματ βρώμη, γνῶματ, γνώμη, γράμματ γραμμή, κώλυματ κωλύμη, λῦματ λύμη, μνῆματ μνήμη etc. Ausserdem gehen schon zu allen Zeiten ματ-Stämme in μος-Stämme in der Zusammensetzung über: αἶμα͑τ ὅμαιμος, γράμματ πεντάγραμμος, σῆματ ἀρίσημος, σέλματ εὔσσελμος, σπέρματ ἄσπερμος, ὄνυμα͑τ ἀνώνυμος ἐπώνυμος (νώνυμνος), χάρματ μενέχαρμαι. Ähnlich ist das Verhältniss im Lateinischen. Stämme auf *met: fomet, limet, tarmet, tramet, palmet, termet, amet; mer mŏr: cucu-mer* (*cucumis* zu vergl. mit *cu-cu-rbit-a*) *glomus femur; mōr: rumor, tumor, clamor, humor; mon: pulmon,* (πλεύμων) *sermon, temon hemon* alt für *homo; mona, alemona; monia: caerimonia, agrimonia; monium, vadimonium; men: agmen, columen, (incolumis), femen (femur), limen (sublimis līmet), rumen (rumis ruma), termen (terminus); ment(i): clement (-ium -iu), vehement; mentis: (semen) sementis, (carmen Carmenta) Carmentis; mentum: agmen coagmentum, augmen augmentum, crēmentum, fomet fomentum, fragmen fragmentum, momen momentum, nomen cognomentum, sarmen sarmentum, segmen segmentum, strāmen strāmentum, sufīmen suffīmentum, lomentum, armentum, rāmentum, indumentum; vīmen vīmentum; minus mnus: flexumines* (aus *flectumines); alumnus, columna, vertumnus, volumnus, volumna, picumnus pilumnus; femina terminus. -mus -ma; fīmen fīmus, germen gemma, palmet palma, alumnus almus,* πιμέλ-η ο(b)pīmus, *animal (animans) animus anima.* — Im Goth. *ahmat-eins ahman; man: stōman, usfilman, skeiman* (alts. *scīmo) milhman, malman, hliuman* (Ahd. *hliumunt* Ved. *çromata çravanīyam pumstvam* Rg. V. 6, 4, 49, 9), *hiuhman, bloman, guman (hemón;* žmů žmeu žmonis) alts. *liuhmo; môn klismón; muni: lauhmuni glitmuni* zu erschliessen aus *glitmunjan; -mund-o: sniumundo; -mna-: sta-mn* (alts.); *-ma: doms (dhāman) hilms* (alts. *farm galm, qualm, holm), hróm.* -Slověnisch: *pismę, pismo, ramę, rama, ramo, slama, slěme(?).* — Litauisch kennt nur consonantische *men*–Stämme (Nom. *mů): akmů* Ssk. *açman; aszmů* Schärfe, *augmů* lat. *augmen* an. *auki; jůsmů jůsmenis* Hüfte; *grumen-ti gromž; pēmů* ποιμέν; *melmů* Nierenstein, *melmenys* das Fleisch bei den Nieren, goth. *malman; momů, momůlis, momenys, momone; raumů* dickes Fleisch ohne Fett slov. *royménž; rěmů; sěmů, sěmene ēs sěmenis iō semen; stomů* alts. *stamn, stomenys; želmů,* grüner Spross; *-mene ēs: edmene* Mahl *edmenys; tekmene* quelle; *pjumene, pjumone;* erntemonat; *bumene* Gegenwart; *lekméne* Pfütze; *-menas mena: malkmena* Schindel; *smilmenai* Räucherwerk; *-menis iō: gélmenis (gelumù)*

heftige Kälte; *menysiú putmenys* Geschwulst, *metmenys*, *metmenei*
Scheergarn, *mentas elmenas*, *elmentas* Steuerschaft; *malas: marma-
las* grosse Bremse; *me ês f.: tarme* Rede; *tekmene*, *tekme* Quelle,
grausme Warnung; *gélme* Tiefe; *gẽsme* Lied; *baime* Furcht; *žosme*
Ausrede; *wersme* Quelle, *wersmenélis wersminis; minis: gẽsminis;
mingas: gẽsmingas; baimingas; ma mas: tarma wažma mas* Lohn-
fuhre, *styma mas* Schwarm ziehender Fische; *szarmà* Reif; *szárma
mas* Lauge (natürlich nur in der Bedeutung verschieden); *kelmas
kelmelis kelmatis* Stubben; *jẽszmas; surmas surma* Pfeife (z. *svar*
klingen).

Im Ssk. -*man: preman, sîman, chadman, jeman, neman,
syúman, dáman*; neutra: *bharman, dâman, janiman, janman,
jariman, adman, pâman.* -*mana: úšmana, pâmana; mani: ad-
mani vartmani;* -*mara: ghasmara, admará, açmará (açman), pâ-
mará (pâman pâmana), prasrmara, bhîmara;* -*mant: prasúmant;*
-*ma: idhmá, išmá, îrma, ušma (ušmani), uma, ema eman, bhar-
ma bharman, bhâma, gharma, carma (carman), darma (dar-
man), dasmá (dasmant), dyumá (dyumánt), dharma (dharman).
ajma (ajman).* Zu Sanskrit *sthâman sthaman páman* lat. *paeminosus.*

In Altbaktrischen: -*man: taokhman* (altpers. *táuma*, angels.
teám suboles engl. *teem) daêman* Gesicht, *daçman* Gabe, *paêman*
Milch, *çtaoman (stôma), kakhman, açman, khshnúman* Befriedi-
gung, *gareman, careman;* -*maini: paêmaini, dáçmaini;* -*mañt,
garemañt, gaomañt, khrúmañt;* -*mana: açmana, rahmana;* -*ma:
ráthma, vaçma, vahma, vîtarema, hañkerema, haoma, hakhma
(hakhman), aêçma, idhma, takhma arema, garema, (gareman
garemañt), báma, khshnaoma (khshnúman), khrúma, (khrúmañt).*

Auffallen muss, wie schwach die *m*-Bildungen im Sanskrit,
Altbaktrisch, Slavisch, Gothisch, an Mannigfaltigkeit, wie an Zahl
gegen das Litauische, mehr noch gegen das Latein, unvergleichlich
gegen das Griechische zurückstehend. Einzelne Glieder der éran i-
schen Familie (Armenisch z. B.) bieten *man*-Stämme in ausserordentlicher Anzahl.

§. 29. Die voranstehende Darstellung des Parallelismus in der
Entwicklung der Formen *mat* und *at* führt auf eine Untersuchung,
wie es mit der Geschichte dieses *m* aussieht. Zunächst wollen wir
auf die Genesis einzelner labialer Bildungselemente eingehn. Wir

lassen Suffixe, in denen p auftritt (μεροπ sl. ҟрхтхпх) beiseite,
und bemerken nur, dass sie wahrscheinlich einer Verbindung tv
μεροπ ᴀᴏxтᴋx ihr Entstehen verdanken. Viel verbreiteter und von
ausserordentlicher Wichtigkeit für Sprachgeschichte sind m bh
(sskrt. ᴗ, griech. φ, lat. b). Einen gewissen Zusammenhang zwischen
m und v wird niemand läugnen. Wir finden beide in der 1. Dual. und
Plur. den Unterschied der Form begründend. Wir finden sanskrt,
$yuśma$- gegenüber im Got. $izva$-, während sonst $-smu$ im Got. zu
$-mma$ wird. Im Got. haben wir also zwei Stufen zva mma, die mitt-
lere fehlt. Sicherlich ist es natürlich, im Sanskrit sma das m als
Verhärtung von v zu betrachten, die durch das harte s motivirt ist.
Es erklärt dies, warum wir im Litauischen im Genet. Plur. $jusyje$ haben,
da im Litauischen wie überall v nach s häufig abfällt, sm dagegen zu
m geworden wäre. Das Element sma findet sich als selbständiges
Pronomen (adverbial oder als Partikel) im Sanskrt. in der Bedeutung huc: $smaddiṣṭih$, $smadabhíçu$ $(hieherzüglig)$, $dhenavaḥ$ sma-
$dúdhnîḥ$, $smatpuramdhi$, $smadrâtišac$; Rg. V. 5, 6, 9, 3. $spáço$
$váruṇasya$ $smadiṣṭá$ $ubhé$ $paçyanti$ $ródasî$. Es würde also für sma
die ältere oder eine ältere Form sva anzusetzen sein, die offenbar
in Verbindung zu setzen mit dem schon im Veda vorkommenden in-
definiten tva. Wir erinnern noch an ein Pronominales schon sehr
abgeschwächtes Element svi-t in kim-svi-t.

§. 30. Doch wir wollen um sichern Boden zu gewinnen zunächst
einige Einzelheiten vorführen. Für die Bezeichnung von 'Rumpf' gibt
es im Veda unter andern zwei merkwürdige Wörter $kabandha$ (wie
bereits von Prof. Kuhn nachgewiesen, identisch mit griech. Καᴅνϑης
d. i. ΚαϜανϑης) und $kusindha$. Beide sehen sich entschieden ähnlich; denn die Vocalverschiedenheit hat bei der Häufigkeit des
Ausfalls von v nach k nichts zu bedeuten. Die Elemente $-ndha$ wird
man in den beiden Fällen nicht von einander trennen können; es
handelt sich also um ba und si. Nun zeigt aber das Griech. Ϝα (da
b im Griech. nicht ausfällt, ursprünglich), wir ergänzen also eine
Form aus der andern zu kva-svi-$andha$. Wir werden gleich nachher
sehn, dass svi zu Ssk. bhi wird und so entsteht denn einerseits $k[v]a$-
$bh[i]andha$, wo bh, offenbar wegen des folgenden dh, seine As-
piration verliert, andererseits $k\overset{va}{u}$ $s[v]i[a]ndha$ $kusindha$. (Vgl.
sskrt. $kvatas$ zu $kutas$ $katipaya$ aus $kvati$ $kvatya$ lat. $quotquot$.)

Eine dritte Form ist κύμινδις. Hier ist *svi* zu μι geworden, womit μιν für σϝιν zu vergleichen. κύμινδις ist als Vogel nur eine Symbolisierung der Wolke (Götter verwandeln sich oft in Wolken). Die ursprüngliche Bedeutung von κύμινδις ist also Rumpf, dann Wolke. χαλκίς, der andere Name des die Wolke symbolisierenden Vogels bezeichnet die Wolke nach einer Auffassung als die tönende (donnernde). χαλκός heisst nun bei Homer vielfach ausdrücklich Kessel. Der Kessel ist aber ein beliebtes Symbol der Wolke, z. B. speciell Zauberkessel zur Verjüngung (Pelops, Medea). So ist in der Eddischen *Hymiskvǐđia* der Kessel das Symbol der Wolke (*orköst hvera* am Ende der ersten Strophe bedeutet sicher nichts als das Öl d. i. die Ambrosia; vgl. Str. 3 *bađ han Sifiar ver ser foera hver | þannz ek öllum yđr öl of heiti;* und Str. 4. Anm. 10).

Man vergleiche die hochwichtigen lateinischen Formen *cu-cu-rbi-t-a* und *cu-cu-mer*. Beide zeigen die reduplicierte Wurzel *cu ku*. Nach der Analogie der drei vorausgehenden Beispiele werden wir beide auf *cu-cu-svi-t-* zurückführen, um so mehr als die Formen sammt und sonders zusammenhangen, alle gehen auf *ni svi* zurück. Dass die Wurzel *cu* zur Bezeichnung von *cucumis* und *cucurbita* verwendet ward, wird bei der Bedeutung der Wurzel jedermann natürlich finden. Vgl. slav. тжикзі und тжітн (die Bildung wie bei бзі-кз gegenüber βοῦς *bóv*). Im Griech. Ֆέμι-τ aus Ֆεσϝι-τ, daher Ֆε-σφ-α-τα Ֆέσπις mit Verhärtung von ϝ, Ֆεμειλια Ֆεμᾱτ, βλοσυρός βλεμεαίνω aus βλεσϝιανιω -κραιρα (ὁρϑο-) κραυρο- führen auf κερασϝι dazu κεραμος. Sanskrit *kusuma* die Blüthe (die schwellende) werden wir zerlegen in *ku-su-ma* und *su* zurückführen auf *svi*. Anm. 11.

Dass nun *su* aus *svi* verkürzt ist, zeigt das Griechische. Es ist schon oben σι auf σϝι zurück geführt worden (§. 2); bekanntlich ist Griech. σι Sanskrt *su*.

§. 31. Es handelt sich jetzt um den Übergang von *svi* in *bhi*. Dieser liegt zunächst im Griechischen klar vor. Denn die griechische Endung φι ist aus σϝι nachweislich durch Abfall des *s* entstanden, nachdem dieses vorher ϝ zu φ erhärtet hat (vgl. σϝέ σφωϊ σφετερος statt σϝ). Aber viel schöner lässt dieser Prosess durch den Instrumental Pluralis Sanskrt -*ais* (und Altb.), Lit. -*ais*, Lat. -*is*, Griech. -αισι-οισι beweisen. Nämlich im Griechischen haben wir klar dieselbe Endung σι, die wir als Endung des Dat. Plur. auch sonst

kennen. Zu ihrem Verständniss müssen wir die Endung ηφι (ηαι),
und αιν ουν (für αισϝιν οισυιν wie τειν aus τεσϝιν) herbei ziehen.
Während also alle verwandten Sprachen hinter dem *s* die vocalischen
Elemente fallen liessen, (wie in Sanskrt. *nas vas*), hat das Griechische allein uns mit dem -ι den Schlüssel zum wahren Verständniss
dieser Form aufbewahrt. Die vedische Form -*ebhis* ist also eine
Nebenform, in dem aus *á-i-svi* (d. i. *âni-svi*) *aisi ais âibhi aébhi
ebhi* ward. Eine Schwierigkeit liegt hierfür und in der irrigen Ansicht, dass *Vṛddhi* eine Steigerung von *Guna* sei, während in Wahrheit *Guna* nur eine Schwächung von *Vṛddhi* ist. Indessen, obwohl
wir natürlich dies hier nicht beweisen können, wird uns doch jedermann zugeben, dass aus *ébhis* durch keinen denkbaren Process *âis*
werden konnte. Anm. 12.

Aber für die Behauptung, dass *bhi* aus *svi* entstanden, haben
wir auch im Gothischen Anhaltspunkte. Es sind die Dative *mis
þus sis izvis unsis*, wo das Schluss-*s* überall unzweifelhaft Sanskrt
bhyam entspricht; von *s* auf *bhi* kann aber nur *svi* führen.

· Das Element *svi* lässt sich aber auch noch indirect nachweisen.
Das Altbaktr. erhält nicht nur in einzelnen einsilbigen Nominibus das
so genannte Nominativ-*s*, sondern hie und da sogar den Vocal, der
nach demselben gestanden hat: *vághzhebyó vághzhibyó çnaithizhibyo*.
Wir haben schon früher aus *a(p)dbhis* etc., dann *apty-a* die ältere
Form *ti* vermuthet. Aber auch *su* kommt in vedischen Formen vor.
Zwar könnte es scheinen, als habe man es mit dem specifischen Suffix
des Local Plur. *su* zu thun. Formen wie *pṛtsu-tur*, *apsu-śad* könnten in dieser Vermuthung bestärken. Gleichwohl wäre dies nicht
richtig. Wir bemerken zunächst, dass *ap* nicht nur im Sanskrit, sondern auch im Altbaktr. in einigen Casibus obliquis das Element
bewahrt, welches man Nominativ-*s* nennt; dass von *pṛt* auch die
Form *pṛtsu-su* (Loc. Pl.) vorkommt. Man betrachte aber Formen wie
apsu-mant, pṛtsu-ti, ramsu-jihva, damsu-patní neben *dumpatí*.
Hier bleibt sicher nichts anderes übrig, als *su* neben *si* hinzu-
stellen als demonstratives Element. Unausweichlich aber ist es, sie
nur als Spaltungen der Form *svi* anzusehen. In einem früheren (in
Kuhn's Zeitsch. für Sprachvergl. gedruckten), Aufsatze giengen wir
von *ap-t-bhis an-apt-a ap-ty-a* zu altbaktr. *áthwya* statt *aptvya*
und fanden darin das ursprüngliche *tvi*, das wir nunmehr, wie der
Leser von selbst merken wird, als älteste vollständige Gestalt des

Bildungs-Elementes hinstellen. Unsere §. 21 aufgestellte Behauptung, dass in Formen wie οἶκοι etc. nichts als einfache verstümmelte Nominativformen οἶκοσι vorliegen, erhält hiemit ihre endliche Begründung. Wir bemerken gleich, dass das Pronomen *svi-t* (Sanskrt *t* im *svit*), identisch damit, *tva* und *tya* Spaltungen davon, *ta sa* letzte Schwächungen sind. Das Relativpronomen des Sanskrt *ya* ist aus *tya sya* geschwächt, wie das Altbaktr., Altpersische in Form und Gebrauch erkennen lassen, die homerischen Formen ἕης aus *hiés* ἑου aus ἑου *sya-sya* beweisen. Dass die persönlichen Pronomina darauf zurückgehen, ist wohl gleichfalls selbstverständlich (Sanskrt *yuśma* aus *tvya-sma tyu-sma* wie *tyu* in *mṛtyu*, vgl. mit slav. ΛΟΧΤΚΧ, so erklären wir *patyus* aus *patvi-as*). Anm. 13.

Hieraus nun folgt vor allem, dass das sogenannte nominativbildende Element identisch ist mit demjenigen pronominalen Elemente, das seit unvordenklichen Zeiten als wortbildendes Element wirksam ist. Es erhellt hieraus, wie gänzlich unbrauchbar die Ansicht ist, dass das Pronomen *sa* die Grundlage des Nominativ-*s* sei. Diese Annahme ist unerweislich und unfruchtbar. Sie führt uns nicht um einen Schritt über sich selbst hinaus, und dies ist das sicherste Kennzeichen, dass sie innerlich unberechtigt ist. Das sicherste Kriterium der Richtigkeit einer sprachgeschichtlichen Entdeckung ist dass mit ihr gleich ganze Reihen von Erscheinungen erklärt, von Fragen gelöst sind. Wie kommt nun dies? Dies kommt von dem engen bisher viel zu gering angeschlagenen Zusammenhange der Wortbildungen, die eine in sich zusammenhängende Geschichte besitzen. Es ist daran festzuhalten, dass die Modification des Suffixes sich am Worte erzeugte.

Die Lautverbindung *ui* ist auch bei dem Suffixe *tar* nachweisbar. Bekanntlich zeigt das Slavische, Litauische *i* Stämme, ebenso zum Theil (im Plural) das Sanskrt. Spuren von *u* zeigt Sanskrt im Gen. Abl. Sing. *pitus pitur*. Das *u* vor *r* kann nur einem ursprünglich hinter dem *r* vorhanden Gewesenen entspringen, und Gothisch bekanntlich flectirt die Verwandtschaftswörter nach der *u*-Declination, *broþrjus bróþrivé* etc; wie die *i*-Flexion aus einem vorhanden gewesenen (vgl. §. 2) *i* ihren Anlass herleitet, so die *u*-Flexion aus einem ursprünglichen *u*, und hiezu nehme man die Sanskrtformen *bhrátṛvya* *pitrvy-a*, griechisch μητρυι-ά, Albaktr. *bhrátüirya* (Sanskrt *mátula*) griech. εὐπατέρεια für εὐπατερϜια (dass Digamma in ε übergeht, wür-

den wir nicht beweisen, wenn es nicht neuerdings mit grosser Be-
stimmtheit geläugnet worden wäre: συνεοχμός für συνυοχμος συνϝο-
χμος, ἐέλπεται aus υελπεται ϝελπεται *volupe*, ἐεργόμεναι υεργομεναι
ϝεργομεναι, ἐέλδωρ ϝέλδωρ *vlada*, ἐείχοσι υειχ. ϝειχ., [ϝει aus ϝιγχοσι
vgl. ἤνεικα], ἐέρση υερση ἐσυανδανε ἐεανδανε ἐηνδανε, ὄρσεο λέξο
aus ὄρσυο ὄρσϝο, λέξϝο, εἰάρινος; demgemäss βαϑεῖα aus βαϑϝια,
nicht aus einer unbegreiflicher Weise guniert sein sollenden Form zu
erklären). Hier ist überall die Derivation als mit *a* beginnend anzusetzen (vgl. §. 12). Auch hier haben wir *ta-svi* als Bildung, welches
natürlich verkürzt und geschwächt für *tvi-a-tvi* steht. Hieraus ent-
wickeln sich *tamy-a tama* (vgl. den oben angeführten Aufsatz in der
Zeitsch. für Sprachvergleichung). Als Beweis für unsere Erklärung
von *pitus* vergleiche man Sanskrit 3. Pl. Pot-*yus*, Altbaktr. *yâre*;
Sanskrt 2. 3. Du. Perf. -*áthus* -*átus* und Altbaktr. *âtaré*; ferner
guru garîyâns etc.

§. 32. Wir kehren zurück zu dem, was wir im §. 29 abgebro-
chen haben, zu dem Verhältnisse von *m* zu *v*. Hier bietet sich uns
gleich manches Interessante. Vergleichen wir zunächst den Nom.
Acc. Du. Msc. des Sanskrt *âu* mit *bhy-âm* des Abl. Dat. Instr.; die
Locale *matâu* (*patyâu*), *matyâm dhênâu dhênvâm* (für *matyâu
dhênvâu*), Pron. *nâu* und *vâm*, Perf. *dadâu* und *vidâm-cakre*; berücksichtigen wir dann den Wechsel von Stämmen auf *am* und *an*
im Zahlworte lat. *septem, novem, decem* ἑπταμ (ἑβδομ-η-χοντα) etc.
slav. *sedŭmŭ*, während Sanskrt, Altbaktr., Gothisch, Litauisch *n* zeigen, dann im Sanskrt *aṣṭâu* neben *aṣṭan* und dazu die unschätzbare
slavische Form осмь aus оксъмь, so sind die sich hieraus ergebenden
Schlüsse wohl von selbst klar. Ja das Slavische hat, wie so oft auch
hier noch das ganz ursprüngliche *i* gerettet. Damit lässt sich sehr
schön Sanskrt *astamîke* 'daheim' vergleichen, das aller Analogie nach
einzig aus *astami-anc* (vgl. *sami-ak*) entstanden sein kann. Also
m ist aus *svi* entstanden und lautete ursprünglich auf ein *i* aus, das
die Wortbildung oft noch gerettet, und theilweise die Grundlage zur
i-Declination hat werden lassen. Es wird nunmehr das Verhältniss von Bildungen wie *bhû-s* und *bhû-mi himy-â* und *hima* klar
sein, so wie überhaupt der Bildungen mit und ohne *m* und *mi*.

Dass das neutrale *m* dem masculinen und femininen *s* (zum
Theil *t: sarit vidyut*), in derselben Weise verwandt ist, ergiebt sich

von selbst. Diese Genesis des *m* der Wortbildung erklärt nun seinen
Ausfall in einer Anzahl von Beispielen: im Infin. Aor II. Act λαβέειν
(§. 28), in der ersten Sing. Ind. Med. im Sanskrit *bodhe.* Anm. 14.

§. 33. Nicht von geringer Wichtigkeit für die hier vorgetragene
Theorie ist der weit verbreitete Wechsel von *m* und *bh* Sanskrt,
φ Griech.; schon der Sanskrtlocal *âm* kann hierher gezogen werden.
Ausserdem aber bieten Gothisch, Deutsch, Slavisch, Litauisch *m* für
Sanskrit *bh* in den Flexionsformen: es sind dies weit aus einander
liegende Sprachen, und doch kennt auch Gothisch *b* für Sanskrit *bh*
in den adverbiellen Formen *veihaba balpaba frodaba gatassaba hvas-
saba usstiuriba unanasiuniba gatemiba harduba agluba,* welche
Slav. *bolъma bъchъma velъma vъsъma nądъma radъma kolъma to-
lъma tъkъma* und den noch interessantern Formen auf *ъmi bolъmi
velъmi kolъmi malъmi monъmi nądъmi ritъmi tolъmi ielъmi* (vgl.
Prof. Miklosich, Bildung der Nomina im Altsl. pag. 99), klar entsprechen.

Dagegen zeigt das Latein in Formen wie *illim (illin-c) istim
hin-c (*aus *hi-m), olim,* in den Formen auf *-ātim (moderatim* althd.
-isôd), *partim* ablativisch-instrumentale Formen, deren *m* ganz dem
des Slavischen im Instr. S. gleich zu beurtheilen ist. Das *b* in den
slavischen, litauischen Suffixen ба *aba ybe ybas yba* steht sanskri-
tischem *bha* gleich. Für ба zeigt das freilich seltene бъ seine Genesis; dieses enthält noch das ursprüngliche, in der Weiterbildung
wie so häufig, verloren gegangene *i.*

Auch das Sanskrt kennt Formen, die an *partim strictim* etc.
des Latein erinnern, es sind adverbielle Formen auf *am* mit instrumen-
taler Bedeutung: *prasabham* mit Ungestüm, *nâmagraham* unter Na-
mensnennung; *anaparâddham* ohne Schaden; *anavamarçam* ohne
Berührung; *anavânam* ohne zu athmen; *animeśam* die Augen nicht
schliesend; *anakśastambham,* so dass die Wagenachse nicht ge-
hemmt wird. In die Verbal-Formen auf *am: pratañkam* schleichend
smâram denkend *pranodam, nâyam* stehen auf einer ganz unbe-
stimmten Mittelstufe zwischen Particip und Infinitiv. Dass dieses
Verhältniss für die Geschichte der Casus von entscheidender Wichtigkeit, dass es unthunlich ist, über die Bedeutung derselben entscheiden zu wollen, eh man diese Entwicklung erkannt hat, wird

jedermann leicht zugeben. Eben so klar ist es, dass die Bedeutung des Casussuffixe, wie sie ihnen, und zwar ohne alle Consequenz, allmählig geworden ist, genau in demselben Verhältniss wie die der Wortbildungssuffixe zu dem ursprünglichen Elemente stehen.

Aus dem Voranstehenden ergiebt sich das Verhältniss den Bildungen *min vin man van mant vant* selbst; während in dem einen Falle *dyutvi* sich zu *dyut* schwächte *(dyus)*, ward es in andern zu *dyumi (-a-t)* woraus mit späterer Erweiterung *dyumat*, oder mit einfachem Ausfalle von *s-vat*. Sehr früh jedoch muss man das Suffix zu gebrauchen angefangen haben, ohne alle Rücksicht auf dessen wirkliches Entstehen, indem man das ohnehin scharf sich abhebende *ma(n)t va(n)t* ohne weiters von dem Stamme trennte und den Begriff des Besitzes des Anhaftens einer Eigenschaft, der vermöge der Geschichte der Bildung nur der ganzen Wortform vermöge des sich herausstellenden Gebrauches inne wohnte, willkührlich in das Suffix verlegte, also eben nichts anderes that, als den Process wiederholte, den wir als das treibende und schaffende in dem grossen folgenreichen Vorgange der Wortbildung dargestellt haben.

Anmerkungen.

1. Sansk. Composita dieser Art haben das *i* durchwegs verloren; sie sind zahlreich: *ábharadvasu bharadvája áyadvasu ṛdhadvâra kṛtadvasu kṣayádvira jumádagni jayadratha jayatsena jagradduśśvapnya tarádveśa dyutadyáman dravátpâni dravadaçva nakśaddâbhá bhandadiśṭi bhramatkuṭi bhrájajjanman bhrájadṛśṭi mandadvira ruçatpaçu ruçadgava ruçadârmi ruçadvatsa ruçadvapus vṛçadvana vṛśadañji vidadvasu çuçadratha svanadratha sâdadyoni çatadvasu* wahrscheinlich auch *çánsadukthá'* (Rg. V. 4, 6, 16, 5.), so zu fassen trotz dem Accente, da *Sâyana çansantah* erklärt; mit Verlust des schliessenden *t asaca-dviś iya-cakśas*, *uçadhak* wohl für *uçat-dah* 'gierig verbrennend'. Die schlagende Ähnlichkeit mit den griechischen Formen gestattet nicht in den letztern *i*-Stämmen anzunehmen. Altbactrisch: *âfrátaṭkushi içaṭvâçtra qanaṭcakhra tacaṭap tacaṭvohuni frâdaṭqaétha frâdaṭqarenañh baraṭzaothra vanaṭpeshana fraotha-ṭaçpa fraoreṭfrakshan.* Dagegen werden die ersten Glieder vedischer Composita *dátihavya rátihavya rátiśac rityápa vṛśṭidyu vítihotra* wohl für echte *i*-Stämme angesehen werden müssen. Und deutsch *jagahunt badahûs tragabetti scramasahs*, angelsächsisch *berneláс drenceflôd?*

2. Zu den *an*-Stämmen gehören die griech. Infinitive -εν-αι und -ειν, deren *i* auf altes -ενι hinweist (vgl. Praep. ἐνι εἰν ἐν ὑπέρ ὑπείρ Ὑπερί-πτη). *an*-Stämme sind die deutschen Infinitive auf -*an*. Dass auch sie auf ein *i* schlossen, zeigt die Declination im Althd. *hëlfan hëlfannes (helfanies) hëlfanne*, im Alt-sächs. *hëlpannas hëlpanna suerjannjas cussjannjas helsjannjas gibôtjanna flôkanna*, Angels. *tô secyanne tô befleónne tô gebidanne tô recenne;* es mag Wunder nemen, dass das Gothische keine Spur einer solchen Declination zeigt. Indess sind offenbar die got. Bildungen -*eins* -*ains* -*ons* (*i*- Stämme der *ja*- a [*aia*]-o-Conjugation entsprechend) hieher zu zählen: *usvalteins uslauseins usfulleins usfodeins sokeins hauseins galaubeins naseins quisteins mereins marzeins goleins yasateins birodeins* u. s. w. sind sicherlich nur Umwandlungen von -*jans*. Die Form *ains atvitains birunains gahveilains leikains libains midjasveipains anakunnains ungahobains bauains lubains trauains þahains þulains vauains vokains* stehen zwar von den Infinitiven *vitan leikan liban sveipan haban kunnan* etc. ab, allein man muss bedenken, dass diese Infinitive, wenn man sie mit *sitan* etc. vergleicht, sich nothwendig als gekürzte Formen für *aian* darstellen.

Eine dieser nothwendig als zu Grunde liegend zu denkenden analoge oder vielmehr geradezu identische Form ist das leider ganz singuläre *armaión* (Nom.
armaió) von *arman armaida*. Also ist die Reihenfolge *aión* (*aián* conson.) hierauf
Spaltung in *ains* (*i*-Stamm), *(a-an)* an (Inf.). In den Formen *-ón* (Inf.) *-óns*
(nominaler *i*-Stamm) herrscht Identität. Noch machen wir aufmerksam auf die
Analogie der goth. *aia-* mit der lat. 2. Conjugation *þahan tacere*, *lubains*
lubere, *haban habere*, *leikains leikan licere* (Leo Meyer, vgl. Gr. d. l. u. gr.
Spr. Bd. II. pg. 29), *vitan videre*, *munan monere*, *silan silere*.
   3. Zu der vorliegenden Frage gehört eine Besprechung der Sansk.-For-
men *-áyya* und *ayáyya*: *jayáyya daráyya didhišáyya dakšáyya panáyya rasáyya*
vidáyya çraváyya maháyya; ahnaváyya ataśáyya uttamáyya; panayáyya
grhayáyya sprhayáyya mahayáyya trayayáyya. Professor Benfey stellt auf
diese Formen gestützt, Stämme auf *-áy* auf; indess dürfte es bei dem Umstande,
dass zwischen den beiden *y* an keinen Vocalausfall gedacht werden kann, unwahrscheinlich sein, dass eine *ya*-Bildung an einen mit *y* schliessenden Stamm
getreten wäre. Wir können überhaupt einem Suffixe *ya*, wie im weitern Ver-
laufe sich zeigen wird, keine andere Existenz zuerkennen, als die, die es einer
falschen Analogie verdankt. Denn da es, wie wir nachzuweisen uns bemühen
werden, ursprünglich consonantisch schliessende Suffixe nicht gab, so muss *-ya*
getrennt werden, und der *i*-Laut dem Stamme als Schlusselement zuerkannt werden, von dem durch *-ya* eine Ableitung gebildet werden soll. Wir trennen folglich *áyy-a*. Wenn es nun ganz und gar unwahrscheinlich ist, dass Doppel-*y*
durch Zusammenstossen eines mit *y* schliessenden Stammes mit einem mit *y* be-
ginnenden Suffixe entstanden sein soll, so zeigt das Vorgehn der Sprachen doch
nicht selten die Eigenthümlichkeit, dass Lautcombinationen, die von selbst nicht
eintreten, als Folgen von Veränderungen sich erzeugen. So ist im Sansk. Dop-
pel-*y* mehrfach durch Ausfall des dazwischen stehenden Vocals entstanden.
Man denke an slav. поманжти оскаижти, wo die sonst durchaus gemiedene Lautverbindung жн provociert wurde durch das viel minder allgemeine Lautgesetz t
vor нж fallen zu lassen: помати нжти wäre nicht absolut unzulässig. So χένσαι
für χεντ-σαι, obwohl χεῖσαι (vgl. σπεῖσαι χείσεται von σπενδ-σαι χανδ-σεται)
den Lautgesetzen genau entspräche. Wir vermuthen, dass *yy* in den Fällen, um
die es sich hier handelt, aus *ny* assimilirt ward. Ein sicheres Beispiel haben wir
für einen solchen Vorgang, es ist die Doppelform *stušenya* und *stušeyya*. Man
vergleiche ferner noch *didrkšenya* mit *didrkšeyya*, wo *n* ausgefallen. Hierher
ziehen wir auch *-aniya*, auf welches *enya* zurückgeführt wird, wie uns dünken
will, mit wenig Wahrscheinlichkeit. *enya* dürfte wohl besser auf *ayanya (ayanya)*, *aniya* zunächst auf *anáya* und auf diesem Wege auf *anánya* zurückzu-
leiten sein. Vgl. *átmiya* von *átman* und *vršiya* neben *vršáya*. Über das Suffix
-ya wird noch weiterhin (Anm. 6) gehandelt werden; dass die Trennung *y-a*
bei den Verbis richtig ist, wird, wofern das bisher Gesagte nicht genügen sollte,
in einer Anmerkung zu §. 31 pg. 53 schlagend bewiesen werden.
   Stämme auf *ai* zeigt das Ruthenische: *Dumajlo, zamachajlo, zavirajlo,*
svistajlo, popichajlo, ńuchajlo, ćuchrajlo, kidajlo, mazajlo, hukajlo torkajlo (M.
Osadca gramm. ruskoho jazyka. Vo Lwowě. pg. 150. Mittheilung unsers verehr-

ten Freundes und Collegen Prof. M. Hattala). Wofern nicht hier ein besonderer Lautvorgang anzunehmen, wäre der Stamm *aj* erhalten wie in *aju ajeś* etc.

4. Wenn wir neben ἀμπνύνϑη δειχνυ noch δειχανάω haben, so ergänzen diese Formen sich gegenseitig zu -νϝαν (δειχανϝαν-). Vergleichen wir nun damit die Stämme *açáya-*, *trpáyá-* (Rg. V. 6, 5, 19, 9. 21, 9, 5, 2), die im Veda neben *açno-mi*, *trpnomi*, *pruśna*, *pruśno*, *pruśáya* (Rg. V. 5, 1, 15, 1) vorkommen, so sehen wir, dass in den Fällen, wo Sanskritwurzeln nach der V. und IX. Conjugationsclasse flectiert werden, ein engeres Verhältniss zu Grunde liegt, das wir erst später werden erläutern können. An die griechische Form δειχανϝάω schliessen sich in höchst interessanter Weise slavische Formen auf зівати , deren зı wir aus *án* erklären. Sehr häufig zeigen diese Formen auch Bildungen auf нж: *sъprętъivati (vъspręnąti)*, *priśékъivati (iseknąti)*, *purézъivati (réznąti)*, *ponoykъivati (ponoyknąti)*, *obъ- vrъtъivati (obrъnąti)* — *podъpisъivati osnъivati (os[ъp]novati)*, *obъcelъivati nakaзъivati izpirъivati vъskladъivati*. Daneben *sъprętavati obrézavati napisavati*. Es kann keinem Zweifel unterliegen, dass die Formen *-avati*, *-ъivati* nur Differenzierungen von *ánv-áti* sind. Hieher gehören die litauischen Formen *-avoti*, *kovavoju*, *budavoju*, *voravoju*, *variavoju*, *lakavoju*. Man vergleiche besonders *nu si mardavoju* und Sanskrit *mrdnú-*, *mrdúná*, also *mardanv-oju*. Noch ist aus dem Slavischen hieher zu ziehen *kъimati*, *kъivati* und *kъinąti*. Die slavischen Formen *-ovati* gehen auf *ovani* zurück; durch Ausfall des *n* und Verschleifung der Vocale entsteht *ovъ*. Erhalten z. B. in *péstoynъ* gegenüber *péstovati*. Litauisch *aúju* (geschwächt *úju*) geht auch auf *avani-u* zurück, *avą(n)i auj ůj*, hat jedoch dialektisch, żemaitisch, das auch sonst *n* im Verb. bewahrt, in der Präsensform *aun-u* das *n* gerettet. So bekommen diese scheinbar jungen Formen ihren geschichtlichen Rückhalt. Verba auf *aiati* (für *ány-áti*) konnten wir nicht finden. Lit. *velbejoju*, *abéjoju*.

5. Es ist nicht uninteressant, die Fälle zu übersehen, in denen lateinische Verba auf *āre* Stämmen auf *-ón -on* entsprechen: *ind-ágon indagare*, *propágon propágare*, *incubon incubare*, *erron (-oneus) errare*, *heluon heluari*, *praedon praedari*, *colón-us incolare*, *suffrágon suffrágari*, *turbon turbare*, *caligon caligare (castigare, fatigare, vestigare)*, *Orbon-a orbare*, *Levana levare; (avena avere. habena habere [frénum fretus dhar], egenus egere, -plere plenus, arcere arcanus)*.

6. Einen unwiderleglichen Beweis dafür, dass das *i* zur Nominal-, nicht zur Verbalbildung gehört, liefern die homerischen Stämme ὀηρῑσα-, μηνῖσα-, μητῖσα-; alle sind consonantische Stämme: ὀηριν-ϑήτην, μηνιϑ- μητιϑ. Die Längen können nur entstanden sein aus ὀηρι, μηνι, μητι, da der Consonant vor *s* entweder spurlos ausfällt oder assimiliert wird. Letztere Formen führen also auf ὀηριντ, μητιϑτ, μηνιϑτ, als Stämme der Verba ὀηρίω, μηνίω, μητίω: ὀηρινι-ω etc.

7. Es finden sich im Armenischen noch vereinzelte Spuren des Suffixes *as* oder wohl nur seiner Derivation altb. *aṅha: զոր զորէղ Հզորէղ*, altb. *závare, ꝰաղէղ (ꝰաղէղէն), ղղէղ*was Wesenheit, Substanz hat(ղղէղէն), *ʒաննէ*mit Zähnen (*ʒաննէ*) versehen, *ՀիՅ-Ձէղ (ՀիՅՁ-Ձէղէն), Հէղէղ, ոաՅէղ* Stärke, *ոաՅէղ* stark

190   L u d w i g

(aojanka), սիս Մաեզի Մակզեն, բան բանեզ բանեզէն. Auf եզէն: վիսեզէն (վես), վշեզէն (վուշ), դարեզէն (դարի), վշեզէն (վուշ), բարեզէն (բար), Մաշկեզէն (Մաշկ), հոզեզէն (հոզ), հոոեզէն (հոմ), հրեզէն (հուր). Man merke auch որէն 'Gesetz' aus altem, wenn auch nicht mehr nachweisbarem *ahuraëna*.

8. Erklärt man *ê* in *êbhyas* etc. aus *ani-bhyas* etc., so muss auch *ê* des Nom. Plur. Msc. so aufgefasst werden. Die Nominativform *ê* (οι, lat. *ī*, lit. *ai*, *ê i*, goth. *ai* etc.) hat aber am Schlusse ein *s* verloren, das im Altlatein, im Altnordischen (hier als *r*) erhalten ist: *heis-ce þeir*, und geschwächt *allir* für *alleir*. Dies steht für *ani-s*. Dürfte man aus altn. *þaer* einen Schluss ziehen, so hätte man in *þae*, griech. αι, und in *r* das *s* von *tâs*. Indess ist *ae* im Altn. sonst kein Vertreter von *ai*. Dagegen hat sicher das Latein auch im Genit. Sing. das alte *s* gewahrt: *quoi-us*; *quoi* ist im Nom. Sing. *quī*, im Gegensatze zu *quis*. *Alterīus*, *unīus* stehen für *alteroi-us*, *unoi-us*, können daher für eine Länge des *i* in *quoius* keinen Beleg liefern. Dass das *i* in *quoius* nicht local ist, brauchen wir wohl nicht mehr zu beweisen; es gibt eben kein locales *i*. *quoi-us* steht für *quosi-us*, und zeigt also diese κατ' ἐξοχήν für vocalisch geltende Form nichts als einen einfachen vulgären, nach der gewöhnlichen Ausdrucksweise consonantischen *as*-Genitiv. Die gewöhnlichen Genitive *ī* sind entstanden wie *totī* aus *totīus*, *cui (cuicui modi)* aus *quoius*, *cuius*. So haben denn auch die griechischen Genitive -οιο, -αο (-αϝο) ein *s* verloren. In wiefern die Schreibart des Veda in gewissen Fällen eine Spur dieses *s* zu verrathen scheint, wollen wir hier nicht weiter verfolgen. Dass die Dativform *quoi-ei* auf eben denselben Stamm *quosi* (altb. *kaçe*) hinweist, versteht sich von selbst. Vgl. §. 21.

Wie steht es nun mit *êšâm*? Es kann nicht zweifelhaft sein, dass als ältere Form *âni-sâm* anzusetzen ist. So kommen wir in ganz eigenthümlicher Weise auf Prof. Schleicher's Gen. Pl. Suffix *sâm* (Zeitschr. f. Sprachvergl. 1862, p. 319). Man sieht, wie auf diesem Wege der Unterschied zwischen lat. *arum*, *orum* und Ssk. *ânâm* eine andere Erklärung findet, als das triviale Schlagwort 'pronominale Declination' bietet. Hier müssen wir abbrechen, denn es würden Fragen hier auftreten, zu deren Lösung wir noch nicht den Schlüssel gefunden haben.

9 a. Es ist klar, dass der Stamm *vladan (kâ)* dem Althd. *lant-al-walto allvaldo* Angls. *ânvealda* Nord. *einvaldi* genau entspricht. Diese *an*-Formen sind in den deutschen Sprachen in der Agensbedeutung ungemein häufig, und nähern sich ausserordentlich den Participiis Präs., mit denen sie factisch oft im Gebrauch vorkommen, z. B. althd. *hornbero, aruntporo, eobringo, scuohbuozo, hûspreho, fâho, folgo, war-miti-gango, gebo, ledergarwo, choufo, urkundo, urchnâo, widarchueto, aftarquemo, êhalto, gahelfo, lebartago uterinus, leito, foraleiso, widarwento, chirâdo, reito aurîga, ringo, bettiriso, farmano* Verächter, *mundboro, steinmezzo, nemo* der Nehmer, *erdpuuo, brotbecko, poto, uobo colonus, hûseigo, encho, viluvrezo, widarcigo, widarwento, widarwinno, vîso, wizo, ubarlibo superstes, galaubo* gläubig, *suocho, sago, heuiskrekko* etc. Gothisch: *vciha, vaurstva, unvita (unvitands), ufarsvara, þarba alaþarba, staua, spilla, aizasmiþa, nuta, galaista, gadaila, fullavita, fauragagga, faihuskula*; altsäch-

sisch *bano, heri-folc-togo (heri-mei-zoho), bodo, bag-med-gebo, treu-wârlogo, andsaco, scatho, eo-fora-wâr-sago.* Angelsächsisch: *ânstapa hildestapa mearc-stapa, aerendraca, andsaca, bana, boda, bora (berend), bryta, cempa, dêma (dêmend,* altn. *dômandi dômendr doemir,* althd. *tuomo), edvitspreca, ende-saeta, gewinna ealdgewinna, ealvealda (ealvealdend), fyrenvyrhta, folctoga-flota* Schiff, *freoða, friðuvebba* (Pindar Pyth. IV. 141 ἀλλ᾽ ἐμὶ χρὴ καὶ σὲ θεμισσαμένους ὀργὰς ὑφαίνειν λοιπὸν ἔλβον), *fyrngeflita, gärshoppa, geflota, gaþaca (dachio* ahd.)*, glida milvus, gudgelâca* Krieger (Kriegstänzer), *haga* wohnend, *spora* tretend (altn. *Hangspori spori,* althd. *sporo), hellehinca, hilde-calla praeco bellicus, herevaeða* (Kriegsjäger), *herevisa, lida* Schiffer *(lidend) hleórlora, ingenga, leóðhata, leodgebyrgea -gebyrga, loga âðloga treóvloga, lyft-uht-vidfloga (lyftflcógende), mânsvara, melda* Verräther, *mereþyssa* Meer-durchrauscher, *mundbora* (alts. *mundboro), sceaða, sceóta (sceótend), scyld-hâta* Schultheisse, *selfaeta* Menschenfresser, *sprcca, slaga* Tödter, *steóra* (altn. *stiori), viga (vigend), þearfa oferþearfa þearfende, unâga (âgend âgendfreâ), unrihtvirhta, vanhoga, vealca* (Gänger, eig. die Woge), *viðerbreca, vilcuma,* altnordisch: *aki, ârtali, illvitti, brunnumigi, elreki, atseti, eiðrofi, stiori, dragi, andskoti skyti* (für *skotjan?), baldriði, buni, brauti baugbroti, bauti (far-bauti), benskâri, leggbiti, bergbûi haugbui, bodi, drifi, kappi, ölberi, hausreyti, heimdragi* (νἰχοτριψ), *hângi* (hangend), *valdi, hertogi, krufi* (der ausweidet), *landreki, gunnveiti, -hati, -giafi.* Man sieht, dass im Deutschen und Altnordi-schen diese Bildungen eine viel grössere Rolle als anderswo spielen. Lateinisch bietet *appeto, combibo, comedo, ciniflo, erro, heluo, praeco, praedo (pugio mu-gio* und vgl. althd. *-eo,* angels. *-ea); Sansk. nikâman, takśan, pûśan, prthug-man, çvan, râjan, vibhvan, vrśan, (rbhukśan manthan akśan)* etc.; Zend: *ars-han, ishan, karsi-ptan, kavan, zazaran, zafan, tushan, peshupân, çpaçan,* und die interessanten Zusammensetzungen mit *han* (seiend). Es empfiehlt sich si⸗her-lich wenig, diese Formen als Verstümmlungen von *ant* anzusehen. Die davon ab-geleiteten Formen *ana* documentieren im Sansk. ihren Zusammenhang mit *au*-Bildungen (*râjan râjñi)* durch ihre Feminina auf *-ani,* die viel zu zahlreich sind, als dass sie hier angeführt werden könnten. Wichtig ist, dass sie partici-piell (d. i. mit Objectsaccusativ) schon im Veda, wenn auch nicht so häufig wie in der spätern Sprache)construiert werden. Über die hochwichtigen Bildungen *yan* und *van* und *ya* und *va,* die sich genau verhalten wie *an-* und *a*-Bildungen zu sprechen müssen wir uns auf eine andere Gelegenheit versparen, und kehren lieber zurück zu der Combination von *an-* mit *k*-Bildungen. Während wir in *vladzika motzika* (vgl. мазıка Prof. Miklosich, Bildung der Nomina im Altslov., p. 84), *an* in *zi* verändert sehen, fällt sonst *n* meist aus. Daher die vorzüglich im Böhmischen zahlreichen (aber auch anderswo, im Neuslov. z. B., nicht feh-lenden) Bildungen auf *âk âč ač,* welche wie die auf *-anь -an* den lateinischen *on (bibón* und *bibâc-s, edón* und *edâc-s, Catón catâc-s?)* entsprechen, sowohl in der Agensbedeutung *bodâk vojâk sekâč řezâč kovač kopâč* als in Bezug auf *Nasôn Capitón: chlupâč bradâč* efc. So leiten wir Slav. мжжк auf lit. *zmogus* zurück; *zmogus* geht nothwendig auf *zmon-gus* zurück, vgl. *zmû zmen zmonis zmona (hemón hûmânus = hvomânus)* und so war мжжк ursprünglich жмжжкь, oder vielleicht richtiger, da strenge genommen lit. *ž* im Slav. schon zu *z* geschwächt erscheint (wie lit. *sz* zu *s*), змѫжь, wofern nämlich nicht *ž* bereits früher abgeworfen war. ж (eventuell з) fiel ab wie in враѕни̯ gegen lit. *žvirblys*; lat. *alacri* = *aram(ca)kri*, und so *mediocri* — etwa *madhyamcakri*; die Adjectiva auf *i* werden im Veda mit Objectsacc. construirt.

Ein anderes für Sprachgeschichte ausserordentlich wichtiges Beispiel für Abfall des *n* ist das Fem. Suffix *tri* (= *triâ*) Lat. *tri-c*. Dass dieses vollständiger *trîn* lautete, beweist eine Vedisch-Sansk.-Form nämlich *strái̯ṇam* 'Frauenvolk'. Reduciert man die Vṛddhibildung auf ihren Stamm, so erhält man *strîn* (oder allenfalls *strîni̯*); diese Form ist also man möchte sagen ein lebendiger Zeuge des alten Ausganges.

Man vgl. Vedisch *yuvâkuḥ* die Altbactr. *yavâkem* entsprechende possessive Genitivform des Duals der 2. Person des Pron. Pers. (Rg. V, 5, 5, 1. 3—12, 4—13, 1, und mehrfach). Wir erklären *yuvâm-ku* und hier kommt uns goth. *igq-ara* (d. i. *jugq- juvanq- juvamq-ara*) auf halbem Wege entgegen; *ugqar* wäre also Ved. *âvâku*. Vgl. Prof. Benfey's Bem. Vollst. Gramm. d. Ssktsp. §. 773 II 3.

9 b. Dass ἐθελοντήρ in der That ἐθελοντ-ηρ zu trennen, beweist die Analogie von κεντ-ορ (αὐτοκρατ-ορ) vom Stamme κεντ (Hom. κενσαι aus κεντ-σαι), *naptar* aus *napât-ar* (vgl. *naptî mj̄jô* nord. *nipt* Sl. *nestera* für *nepstera* nach Prof. Hattala neben *netij*); *volunt-ât* neben *qui-êt sati-ât* und Suff. *tât*. Was das Suffix *tât* betrifft, so theilen wir ganz Prof. Leo Meyer's gerechtes Bedenken einer Wortbildungsform eine direct aus einer frei vorkommenden Nominalform entnommene Bedeutung aufzudringen; hier jedoch dürfte die Identität mit Altbaktr. *tât* doch wohl nicht in Abrede zu stellen sein. An die Wurzel *tan* möchten wir freilich nicht denken. Wir halten *tât* (*tâti*) für eine dem spätern Sanskrtnomen *tattvam* analoge Ableitung von dem Pronominalstamme *ta* oder wie immer er in vollständiger Gestalt mochte gelautet haben: die *Soheit Dasheit* (vgl. goth. *haidus*, angelsächs. *hâd haed* als Suffix Althd. *heit*). Nebenbei bemerken wir, dass das Sanskrtsuff. *bhasma-sât agnisât* und ähnliche mit *tât* identisch ist.

10. Wie ist die Wolke in dem bekannten Mythus der Ilias aufzufassen? Sie bedeckt allmählig den Himmel, und dies bedeutet das Einschlafen des Zeus. Mit dem Erwachen scheucht er Hera (wieder die Wolke, vgl. Herakles, Schall der Hera) von sich, und Apollon und Iris treten auf (mit dem abziehenden Regen). Das Einschläfern des Argos durch Hermes ist nichts anderes als das allmählige Sich beziehen des Nachthimmels, das Schliessen des Augen, das Verlöschen der Sterne durch die vom Winde (Hermes) herbeigeführten Wolken. Durch den Blitz werden die vom Argos zurückgehaltenen Wässer (die Kuh Jo) befreit, und stürzen auf die Erde.

11. Wichtige Sanskrtbildungen sind *kaku-bh* und *kaku-d* (erweicht aus *kaku-t*); *kakuhá* ist aus *kakubha* abgeschwächt. Wir haben hier wieder das Entsprechen labialer (durch *u* vermittelter) und dentaler Bildungselemente (Wurzel *ku*); ebenso in *tri-anu-chandah-su-stubh* neben *stut* (*grâvastut*); *visruh* 'Fluss' steht für *visrubh*. daneben *srut*. Man vgl. *srotas*. und lat. *Rumon Roma (Corssen)* Στρύμων Altn. *straumr* Althd. *strôm* für *srôm*.

12. Mit Griech. -ηφι theilt auch das Vedische -*âbhis* das Schwanken in Betreff des Numerus; man findet: *citrâbhir akavâbhir yujyâbhir puruvâjâbhir ûtî.* So Ath. V. 6, 69, 1. *hiranye* = *hiranyeśu* u. *aragarât* Loc.

13. Dass *yuśma* aus *tyuśma* entständen, dafür liefert das Altbactrische den Beweis. Neben dem Stamme *yuśma* zeigt es den Stamm *khśma.* Vergleicht man *khstâmi*, so sieht man auf den ersten Blick, dass man es hier mit einer ungenauen Orthographie zu thun hat: *khstâmi* steht für *histâmi.* Die Verhärtung des *h* zu *q* ist vor *y* und *v* etwas theils häufiges theils gewöhnliches. Sie ist eine Eigenthümlichkeit nicht blos des Altbactrischen. Hierher gehört Armenisch ք des Nom. Plur. րք ք der 1. und 2. Pers. Plur. Regelrecht könnte freilich höchstens *qstâmi* werden. *khśma* führen wir demgemäss auf *qśma qyuśma hyuśma syuśma tyuśma* zurück. Man vergleiche noch armen. իզմանզ.

Für den noch gar nicht beachteten Wechsel ven *ui* und *iu* wollen wir griech. δεύ-τερος anführen. Dies steht zunächst für διυ-τερης, wie Δευκαλίων für διυκαλιων, dann aber für δυι-τερος (vgl. δυεῖν = δυι-σϝιν).

Das Sansk. liefert für *patyus* aus *patvi-a* uns einen hochwichtigen Beleg. Bekanntlich haben die Desiderativnomina auf -*is sutis* im Genitiv *sutyus.* Wir können, da eine unmotivierte Schwächung von Genitiv -*as* zu *us* zu den Unmöglichkeiten gehört, diese eigenthümliche Form nur durch den Einfluss eines *u* erklären, und setzen desshalb an *sutyv-as* als nächst zurückliegende Form. Nun setzt aber *sutis* die Form *suta* voraus, wir reconstruieren demgemäss *sutiyu sutayu*, oder mit andern Worten: die Desiderativnomina auf -*is* sind nichts als veränderte Bildungen anf *ayu-s.* Nun erklärt sich der Loc. Sing. *sutyâu.* Es erklären sich aber auch die Verba auf -*iya*, die mit jenen Nominibus enge zusammenhangen. Es ist nun auch klar, dass die Abtheilung *iy-a* die richtige ist. Nach *y* ist ein *u* abgefallen, das im Griechischen geblieben ist. Denn wie die Sanskrt-Nomina auf -*ayu* den griechischen auf -εύ-ς, so entsprechen die Sanskrt-Verba auf -*iya* den griechischen auf -ευω, und diese haben folglich kein *y* eingebüsst. Dass hiemit, was §. 14 über die Nichtzugehörigkeit des *y* zur Verbalderivation gesagt worden ist, schlagend und unwiderleglich bewiesen ist, wird Niemandem entgehen.

Mit dem S. 184 §. 31 bewiesenen Übergange von ϝ υ steht es in Einklang, wenn wir die griechischen Formen -σειω (γελασειω διαβησειω πολεμησειω απαλλαξειω) aus σϝιω erklären). Da nun die Sanskrtformen *asja* gleichfalls unter andern auch Desiderativbedeutung hat (*açvasyáti* 'verlangt nach dem Hengste'), so combinieren sich die betreffenden Formen *asyu (ayu) asyáti iyáti (iyvati)* σειω σϝιω in natürlicher Weise zu *asvi-*, worüber später mehr. Wer übrigens hiemit verbindet, was Prof. Leo Meyer, vgl. Sprachlehre der Griech. und Lat. Spr. Bd. II, p. 363 384 —5, sagt, und Formen wie *janiśya bhaviśya (śyat) bhujiśya kariśya ruciśya*, der kann in Bezug auf das Futur zu interessanten Schlüssen gelangen, die hier zu verfolgen uns zu weit führen würde.

Eine genaue Analogie zu dem Pronomen *tvi* (von dem vielleicht *viéú- úio*- und Altbactr. in derselben Bedeutung *qyaona*) bietet das fragende Pronomen *ka.* Deutsch Latein (indirect Griechisch Oskisch) Sansk. *(ku-tra* = *kva-tra , kutas* = *kva-tas;* vgl. *kaṭa kuṭila kakśya kukśi cakra* κυκλο *vakra* etc. *kati-paya* siehe oben und vgl. lat. *quis-piam* = *quis-quiam)* sichern das *u* nach dem *k*. Allein *kva* war nicht der vollständige Stamm. Sansk. *kis cit*, lat. *quis*, *-piam*, *qui-bus quia* sichern *kvi*, denn an eine Bildung mit *ya* ist doch wohl nicht zu denken. In *quoi-us* ist also *i* bereits ausgefallen, *qui-a-si* ward im Lat. zu *quoi quī*.

14. In diese Lücke passen die Vedischen Infinitive *tariśāṇi gṛṇiśāni upas-tṛṇiśāṇi* Rgv. 4, 7, 17, 6 herein. Dass es finale Infinitive sind, macht neben dem Zusammenhange der Umstand sicher, dass die beiden letzten Beispiele aus Präsensstämmen gebildet sind. Es sind nicht Locale, sondern die vollständiger erhaltenen Stämme. Sollte nicht Altbactr. *tarewani*, das allerdings nur an einer unverständlichen Stelle vorkommt und *arhariśvaṇih* (vgl. das Petersburger Sanskrtwörterbuch) hierher gehören? Wohl scheinen uns aber, wie die Vedischen Infinitive auf *sāni* den Griech. auf μενι, so den Participien auf *amāna* die Vedischen Formen auf *asānā* zu entsprechen: *jrayasāna (jrayati) arçasānā rñjasānā, vṛdhasānā sahasānā yamasānā mandasānā jayasāna dhiyasānā namasānā* etc.

An den Parallelismus -μεν(-ι) *-sani*, *-a-māna* *-a-sāna* schliessen sich in höchst merkwürdiger Weise zwei erste Pers. S. Med. *gṛṇiśe puniśe* (vgl. Benfey, Gloss. z. Sāma-Veda pg. 60 und das St. Petersburger Skrt.-Lex. unter *gar* und *'pū*): *-se* gegenüber dem allein stehenden griech. -μαι.